大是文化

我在
中國的兩年
牢獄生活

我愛中國，愛到受頒榮譽大使、定居中國……
直到入獄我才目睹「人」在中共眼裡是什麼

중국 감옥에서 보낸 2년

住在中國延邊朝鮮自治區的美籍韓僑
史考特・李 ◎著　楊筑鈞 ◎譯

目錄

序言

雅各再也不能隨心所欲，於是他學會依靠上帝

從沒想過，我的人生有兩年時間會在中國監獄度過。

或許從一開始，就注定了我在中國的這段旅程。如果那天租車沒有被取消、如果那個包包沒有遺失……雖然沒有比回顧過去，用「如果」來假設已經發生的事件，還要無聊的事，但是我拚命的想抹去當時的記憶，所以不斷的假設過去各種情況。

我為了和朋友一起去旅行，事先預約了大型休旅車，然而，出門當天到了租車公司後，卻發現沒有車可以開。

雖然租車公司鄭重的道歉：「不好意思，預約有疏失。」但最終還是沒有派租其他車子給我們，我和朋友的旅行計畫因此泡湯了，我在美國生活二十多年，

這是第一次，也是最後一次從租車公司那裡聽到沒車可借。

那天下午，我失落的在家休息時，另一位朋友打電話來。我聽說他來往於中美兩地拓展事業，這次他帶了一組訪問團來美國，其成員以中國某地區的商界人士為主。他因為不太了解美式料理，也不知道有哪些不錯的餐廳，因此想拜託我做一頓美式餐點請他們吃。

為了還之前欠他的人情，我隔天與這些第一次見面的中國漢族和中國朝鮮族[1]企業家們，一起吃飯。這些人之中，穿著邋遢、頭髮油膩的漢族女性，是某城市最大百貨公司的所有者；一位中國朝鮮族的中年女性，則是在某城市建設數百棟公寓的建築公司代表。當時的我完全不知道這些事，直到後來我去中國時，才親眼確認。

我本以為自己和中國的緣分就只有這樣而已，但事實並非如此。

我在那晚飯局上，和一位朝鮮族女社長交換名片，沒想到幾天後她忽然聯絡我。她說，她在芝加哥機場弄丟行李箱，問我能不能幫她聯繫航空公司。在語言不通的國家突然發生這種事，讓她驚慌失措。她無意間從錢包裡翻出我的名片，最後決定找我幫忙。

當時，我只是基於好意幫她，沒想到因此獲得中國某市政府頒發的榮譽大使證。而這件事，成為從未想過在中國生活的我，把全家人帶到中國的契機。

於是在朋友的幫助之下，我開始在中國經營自己的事業。

在這段期間，中國國家主席習近平與共產黨政府的行徑，對我來說只是酒桌上的話題，與我無關。我忘了自己生活的那個地方是共產國家，之後更為這份失誤付出代價。

但從另一個角度來看，這段付出代價的時間裡，我親眼見到中國共產黨的真正面貌——為了找回昔日榮耀，不論是誰，只要稍微妨礙或擋在共產黨前，就會受到習近平和中國共產黨的迫害和鎮壓，而我也親身體驗了這份恐怖。

此外，我還發現，過去中國堂而皇之要求朝鮮做為藩屬國的那段歷史，至今

1　朝鮮族是東北亞主要民族。主要分布在朝鮮半島、中國東北和俄羅斯遠東地區。而中國朝鮮族是官方認定的五十五個少數民族之一。

仍是進行式，中國共產黨為了讓自己的藩籬不要崩塌，竟然願意成為不顧國民安危的北韓執政者之後盾。透過脫北囚犯們，我可以清楚的感受到朝鮮同胞們的悲慘處境。

某年冬天，住在美國的哥哥來拜訪我，我們一起去長白山，當時氣溫攝氏零下四十度，水壺裡的水一灑到空中就會立刻結凍。

「我們穿這麼多都這麼冷了，以前的人怎麼辦？俘虜有足夠的衣服禦寒嗎？你能想像，在嚴寒環境下，像乞丐般走兩千公里到瀋陽嗎？太可怕了！」

住在加州的哥哥擔心的居然不是自己，而是當年丙子戰爭[2]時被抓走的古朝鮮人。「當時抓走約六十萬人，超過朝鮮人口十分之一，據說在路途上被鞭子打死以及凍死的人不計其數。這麼看來，韓國人只對中國特別寬容，可能是因為還殘存著事大主義[3]的思想吧。」

其實，那天我不太能理解哥哥的話，但現在一想到過去俘虜們的模樣，就讓我聯想起了一起在監獄或看守所生活的慶哲、明哲、小率、光秀及李鍾元少佐，不知不覺熱淚盈眶。

我被關起來的那段時間很痛苦，但每天早晨背誦《使徒信經》，讀著妻子偷偷給我的《新約聖經》，成為我支撐下來的原因之一。

雅各獨自留下來，有個人與雅各摔角，直到黎明……那個人看自己贏不了雅各，便趁雅各沒注意時，抓傷雅各的大腿窩，雅各的大腿窩就在與那個人摔角時扭傷了……。

——《舊約聖經創世紀》

雅各再也不能隨心所欲的行動，於是他學會一輩子依靠上帝，而不是自己的

2 在一六三六年，清太宗稱帝後不久率領十萬清朝軍隊攻打朝鮮，這是滿洲政權第二次攻打朝鮮。

3 事大主義，指古代朝鮮半島上的新羅、高麗和朝鮮等三王朝的外交政策。朝鮮王朝末期（十九世紀末），主張效忠清王朝、反對日本干預的人們，被稱為「事大黨」。由於朝鮮長期認定中國為大國及自己的宗主國，視中原王朝為中華，故稱自己為小中華，就是所謂的「小中華思想」，也就是說，效忠中國的政策即為事大主義。

腿。這段故事讓我領悟到，我之所以能忍受那段艱苦的時間，是因為許多人支撐著我。

等待著我的妻子，我對她充滿了無限的感激與愛意，也很謝謝我的小兒子陪在妻子身邊、給予安慰。因爸爸——我不在身邊，而展現出可靠、值得信賴一面的長子，更是讓我非常自豪。

除了家人，我由衷的感謝在看守所跟監獄裡給予力量的同事們、人生老師宋社長、延邊科學技術大學的祈禱會員們、為我和家人祈禱的人們，以及協助我將這些經歷出版成書的「橄欖樹」代表柳永日和李順任博士。最後，我要向在過去兩年中，給予我巨大支持的艾倫領事表達深深的謝意。

1

工廠

「沒有共產黨，就沒有新中國……。」我們配合口號，大聲唱著中國共產黨「自吹自擂的歌曲」，並開始行進。

放在每個角落的超大型看板上，印有習近平的照片，他就這樣看著我們移動，紅色的中國五星旗，今天也一如往常的在晨風中飄揚。當我們一到讓人聯想到恐怖電影的紅磚舊工廠，就要立刻換上還沒乾透的衣服，正式投入工作。

我從早上七點到晚上七點，工作整整十二個小時。但如果讓獄警們不爽，就會真正的嘗到疲憊的一天。

舉例來說，某個囚犯在昨天毫不畏懼的對獄警頂嘴，於是獄警懲罰我們今天結束工作後，要到外面淋著雨做足足三小時的基本操練。直到晚上十點多，才回到宿舍。

「叔叔，你還好嗎？」北韓國籍室友慶哲從我身後經過，他避開獄警的視線，悄悄的問我。

「沒事！」雖然我這麼說，但其實我的膝蓋很痛、全身發冷、脖子腫起來、頭也昏昏沉沉的。

雖然我昨晚用力擰乾溼透的衣服，掛在窗臺上晾著，可惜不但沒有晒乾，反而因為天氣寒冷，把衣服給凍住了。但只有一套衣服的我別無選擇，只能穿著像鎧甲一樣硬梆梆的囚服上班。也許是這個緣故，我從早上就出現感冒症狀，再加上下班後的懲罰，讓我渾身不舒服。

我在這裡的工作很簡單，就是把長春工廠生產的大眾汽車裡面的電線，纏上黑色絕緣膠帶。

但是，每週六天，從早到晚做這種工作，讓我的手腕關節變得異常，手掌麻木，難以控制自己的手。當然，不是只有我這樣，在這個工廠工作的第八大隊所屬的九十八名囚犯，雙手都變成這個樣子。由於大多時候都是手工勞動，因此大家的手掌都變得像樹皮一樣，尤其是被強迫勞動十年以上的囚犯，每根手指都是腫脹、突起且扭曲，讓人聯想到恐怖電影裡的殭屍。

而我從事這些勞動所得到的報酬，一般人大概無法想像，一個月只有人民幣八元（約新臺幣三十六元），這點錢大概只夠在早市買碗粥喝而已。而在這個監獄裡，惡毒的強盜們——獄警所訂下的價格，就算存下一個月的薪水，也只夠我買一、兩塊肥皂而已。他們似乎認為，就算把囚犯們的口袋掏空也沒關係。

慶哲工齡十二年，動作快、工作表現出色，所以他在第八大隊中年薪最高，月薪有人民幣四十八元（約新臺幣兩百一十三元）。然而，監獄裡物價極高，若慶哲想買一份拳頭大的香腸配菜，就得把一個月的薪水全部花掉。我從來沒看過慶哲買配菜，監獄裡給什麼，他就吃什麼。對於慶哲來說，那些另外兜售的小菜，簡直就是奢侈品。

囚犯們用薪水買衛生紙、牙膏、香皂、洗衣精等生活必需品，然後發揮精打細算精神：洗臉刷牙每天一次，大號時用捲筒衛生紙的兩張……這樣堅持幾個月下來，才能買到幾張貼在手腕上的藥膏和一包菸葉（不是普通有濾嘴的菸，而是捲起來抽的，這在北韓被稱為「捲草」）。

「叮鈴鈴……叮鈴鈴……。」上午九點，工廠第一次鈴聲響起，這時監獄裡所有囚犯停止勞動，然後開始打中國自豪的傳統體操「太極拳」。

透過大螢幕，身穿印有「武漢加油！中國加油！」紅色T恤的女囚犯們，熟練的示範太極拳，也許因為這是每天唯一一次能看到女人的機會，囚犯們非常認真的跟著做體操，但是對於工作總是堆積如山的第八大隊來說，連暫時活動身體都不被允許。

第八大隊裡，能做體操的只有十位左右，因為這個數字能騙過監視鏡頭，我們選出患有疾病的人或高齡囚犯，每天負責擋住鏡頭正面，而其他人在那段時間仍不停的工作。

其實吉林省長春鐵北監獄（簡稱鐵北監獄）裡全是這樣，只要避開攝影機視線，想做什麼都沒問題。例如，獄警在監視攝影機的死角，動不動使用暴力，甚至利用隨身攜帶的電棒來折磨囚犯。

昨天中午，脫北者哲南在吃飯時說了韓語，被極度惡質的王警官（在中國，用警官來稱呼獄警）逮個正著，進而成了他們的獵物。

在這間監獄裡，有個規定是如果獄警喊了自己的名字，就要迅速跑過去，在獄警前單膝跪下，並舉起一隻手臂，大聲喊出自己的姓名。

「李哲南！李哲南！」原來站著吃午飯的哲南因被點名，飛快的跑過來（順道一提，這裡沒有餐廳之類的設施，囚犯們必須在工廠旁邊的老舊臨時建築，也是我們的更衣室裡解決午餐），雖然哲南表現出忠誠的樣子，但心情不好的王警官馬上對他拳打腳踢，在中國監獄裡度過十七年的哲南流著鼻血，嘴裡的飯粒噴滿一地。

「高麗棒子[4]！我說過不要講韓語！」

王警官把哲南叫到監視攝影機的死角地帶，對他拳腳相向，但其他囚犯們的目光完全不在他們身上，只有新來的朝鮮族囚犯因和哲南搭話，而顯得坐立不安，神情緊張。

同樣都是脫北者出身的慶哲卻完全不想理會，他只小聲的對我提出忠告：「不要看。」

監獄裡除了有北韓出身的脫北者囚犯，還有包括我在內的很多外國籍囚犯，有日本人、俄羅斯人，還有非洲人。其中以北韓人數量最多，他們既沒錢，也沒有背景，再加上北韓政府絲毫不在意自己的國民是否被關在監獄裡，簡單用一句話來說，他們在這裡被當作是「雜種狗」。

獄警利用這一點，對他們施以暴力，如果囚犯之間彼此鬥毆，被抓去關禁閉的也是北韓人，而非漢人。在獄中，絕大多數囚犯是中國漢族，北韓囚犯就是他們的欺負對象。

懂得察言觀色又溫順的北韓囚犯們，只好委身為漢人的小弟，幫他們洗衣服、洗碗等，處理所有麻煩事，以換取保護、食物、香菸及各種生活必需品，據說有的年輕北韓囚犯，甚至還充當他們的愛人。

囚犯之間無論是自願還是受他人所逼，都發生嚴重的同性戀問題，因此監獄人員翻閱了幾個月的監視攝影機紀錄後，將稍有類似徵兆的囚犯全部移監到其他監獄，其中就有不少北韓囚犯被移到別處。

一般來說，大部分被判無期徒刑或者是超過二十年有期徒刑的囚犯，會被分在第八大隊。但因上述因素，原本多達一百五十個人的第八大隊，人數減少到七十個人左右，為了填補空缺，中國政府將大批新囚犯趕到第八大隊，而我也被分到這裡。

4 意思是「高麗的乞丐」，過去中國用來貶低朝鮮人的詞彙。

當然，不是所有來自北韓的囚犯都這樣，也有許多人堅持尊嚴，不願屈服漢人囚犯，例如慶哲。

即使沒人來探視、也沒人打電話或寫信給他……即使在沒有任何外在援助的慘淡情況下，他也絕不向漢族囚犯低頭，就算被獄警毆打，他也會重新抬起頭，就這樣在這裡堅持超過十年，我十分尊重這樣的他。

2

螢火蟲

大概在我來到第八大隊大概滿一星期時，身為監獄內唯一擁有美國籍的我，因中美關係而成為獄方需要「特別注意」的對象，其中，又以王警官特別緊盯著我，他總會一直在我周圍徘徊，抓到機會就找我麻煩。

例如，我把用了一個多月、發出臭味的一次性口罩稍微往下拉，他就會立刻抓住我的後頸大叫：「喂，美國傢伙！還不快把口罩戴好！就是這樣，你們的川普才會得了新冠肺炎！」

也許是因為共產黨的反美情結，只要一逮到機會，王警官就會找各種理由折磨我：工作動作慢了、點名的聲音小、行進時不用力唱共產黨讚頌歌、彎著胳臂……然後對我使用暴力，還拿出攜帶式攝影機來拍我。除了問我的姓名、罪名、刑期，還會問：「監獄的生活怎麼樣？」直到我回答：「很好，很好！」他才會離開。

慶哲對王警官那副模樣很不滿，於是一直盯著他看。

王警官：「你這個乞丐，不做事在那看什麼？還不快點幹活！」

慶哲不顧那傢伙的指責，替我辯護：「大家都把口罩戴在下巴，為什麼你只針對那個人？」

王警官嚥不下這口氣，一把抓住慶哲的衣領，但他看到慶哲殺氣騰騰的眼神和脖子上深邃的疤痕，一下子遲疑起來，只好鬆手。也許是為了在囚犯面前挽回面子，王警官語帶威脅的說：「再頂嘴一次，就關禁閉！」但慶哲面對這樣的威脅，眼睛連眨也不眨。這件事就這樣結束了。

慶哲因故意殺人罪而被判處死刑緩刑[5]，他因沒在監獄裡鬧出大事，從死刑減為無期徒刑。在那之後，他因為與其他囚犯吵架、損壞器物、自殘等行為，讓囚犯跟獄警記住他的名字。尤其是把牙刷製成兇器劃傷自己脖子高達十多次，最終導致昏迷的自殘事件，至今仍是囚犯之間的熱門話題。還有把獄官弄得血淋淋的事件……也許正因如此，獄官們不太願意與慶哲起爭執。

5 死刑緩期執行，簡稱死緩，為中國特有的司法制度，在判處死刑後的兩年內，考量受刑人的反省與否以及態度等，可以減刑為無期徒刑或有期徒刑。

第一個休息鐘響了。

因為獄警會在休息時間點名兩次，所以讓人覺得休息時間十五分鐘很短，但即使如此，囚犯們還是利用這個時間，趕到廁所做自己的事情或抽菸，狹窄的廁所每次都擠滿了人。

事實上，與其說它是洗手間，更準確的說，只是在像倉庫一樣的空間裡，粗略的用水泥做一條長溝，**囚犯們踩或坐著長溝邊緣大小便，因為沒有排水功能，長溝裡的排泄物依然留存在那裡，臭氣熏天**。

我來這裡的第一天，就看到某囚犯在其他人並排站著小便時，擠進其中，反過來坐著上廁所，儘管其他人的小便都濺到自己的屁股上，他仍不顧一切的大便。我見識到那個可怕畫面後，就盡量避開可能在工廠裡上大號的因素，像是在來工廠前，我不吃早上的粥，午餐也絕對不會吃太多。

慶哲靠在廁所對面的牆壁上，拿出一支捲草咬在嘴裡，給了我忠告。

「叔叔，這群傢伙有壞習慣，看誰乖巧，就欺負誰。所以該反抗的時候，一定要反抗！尤其是面對這些無知的東北地區漢族傢伙。」

噗通！

慶哲剛說完話的瞬間，響起了響亮的排便聲，我們與正在大便的中國囚犯對視，那傢伙若無其事，神色自若。

「臭死了，那個傢伙！」慶哲把菸捻熄，捏著鼻子迅速離開廁所，我也跟著他出去了。

現在回想起來，和慶哲的相遇，似乎是我在牢獄生活中最幸運的事情。

好不容易結束如地獄般的入監隊[6]訓練，之後我被分配到第八大隊和二〇四號室，那個又小又破舊的房間裡原本住有十名囚犯，可能是因為在那裡待太久，他們看起來和房間一樣，毫無生氣。

房間入口的牆壁上貼著那些囚犯的簡歷和大頭照。簡歷中記載著大家的姓

6 是服刑人員去監獄前的一個「中繼站」，在這裡主要做的，是學習紀律和軍訓。

名、罪名和刑期，在二〇四號室用阿拉伯數字寫著刑期的囚犯，只有我，還有因販毒被判十八年徒刑、和我一起入監的囚犯吳賢棟。

而其他人的刑期都用漢字寫著「死刑緩期執行」或「無期」。強盜殺人、殺害尊親屬、情殺……理由各有不同，但無論如何，因故意殺人罪正在服刑的人有九名，還有不知道偷了多少錢，但因盜竊罪而被判無期徒刑的內蒙古人張海約。

張海約在十八歲時被抓，服刑二十年後暫時出獄，四十歲又再次被抓回來，現在已經服刑十一年了，在監獄裡度過的時間，比在外面生活的時間還要長。

因為殺人罪而正在服刑的九人裡，刑期短則五年，多則十年以上。慶哲雖然從無期徒刑減為有期徒刑，但還有很長的路要走，如果中間沒有發生什麼大事，也許能更快出去，但慶哲似乎並不太在意。

「反正出去之後，也會被帶到北朝鮮教化所，說不定會死在那裡，早點出去又有什麼用？」、「叔叔，我覺得我這輩子的人生就是這樣了。」

慶哲在二十四歲被抓進來，對他來說，時間似乎就停在他被抓的那刻，儘管他現在快四十歲了，卻還是稱呼我為叔叔，或是指著和自己同年紀的囚犯說「那個大叔」。因為這裡沒有一個像樣的鏡子，所以慶哲不知道自己經過十多年，模樣有多大的變化。

我無法準確回憶起第一天進入二〇四號室時，對慶哲的第一印象。只記得當時他躺在下層床鋪，看著中文書，完全沒想到他會是我的同胞。

隔壁房的雷蒙德總是強調自己不是中國人，而是香港人，當他聽到有美國籍囚犯進來的消息後，為了展示自己的英語實力，便莫名其妙的跑來問我各種問題，和我對話很久，其他囚犯們則看著他那個模樣嘖嘖稱奇。

和雷蒙德結束對話後，我躺在粗糙的木製雙層床上休息，慶哲突然提問：

「大叔是韓國人嗎？」

在這樣相遇之後，我和慶哲變得親近許多，他對我的稱呼從「大叔」改成「叔叔」，直到離開監獄的那一天，慶哲也為我準備各種東西，雖然他叫我叔叔，但從實際情況來看，他這麼照顧我，反而更像是我的「叔叔」。

我後來才知道，第一次遇見慶哲時，他手上看的那本書是他唯一的一本書，他足足看了十多年，雖然那是中文書，但是慶哲不僅全部讀懂，連內容都記得很清楚。

十多年來，沒人來探視，沒有接到一通電話，也沒有人寫信給慶哲，他被徹底孤立。我看著每週和家人通話，以及每個月有一次探視機會的其他囚犯時，都會思考，慶哲如何獨自忍受這些時間。每每看到慶哲特別黯淡的臉，我都覺得惋惜，甚至想著「這麼多的國家裡，為什麼他偏偏會出生在北韓呢？」

※

在鐵北監獄裡，其實有專門提供給囚犯的圖書館，據說這裡不僅擁有相當優質的漢語書籍，還擁有各國領事館為各國囚犯捐贈的韓語、日語、俄語等多種外國書籍。

但遺憾的是，根據負責清掃圖書館的囚犯表示，現在那裡僅讓監獄職員使用。只有在上層高官要來視察時，監獄職員才會抽選幾名囚犯，去圖書館裡暫時做做樣子。

其實不只圖書館，監獄裡的籃球場和排球場等所有設施，都是這種情況。

話說回來，就算他們開放這些設施也沒用，對於囚犯來說，每週要工作六天、每天工作十二小時，受到重度勞動折磨。好不容易能休息一天，卻要看和聽共產黨宣傳電影和講座，圖書館、籃球場這些設施也只是擺好看罷了。

幸運的是，如果休息日天氣好的話，我們可以把被子晾在外面，享受短暫的戶外時光。

我記得有天，慶哲不需要洗衣物，他卻硬是把我的被套脫下來洗，然後找我去外面晒太陽，感受閒暇時間。

迎著風，我看著晴朗的天空，腦中浮現出家人的臉龐，讓我頓時忘記了自己的處境。

「你的妻子和孩子們過得好嗎？」慶哲問。

因為新冠肺炎的關係，所以現在不讓人探監。我本來以為就算不能探監，也能打電話聯繫家人，然而獄警為了監聽內容，規定只能用中文通話。面對這種不像話的規則，我本打算放棄跟家人聯絡，幸虧在艾倫領事的努力下，我收到妻子的來信，監獄裡朝鮮族出身的獄警先拆信檢查，之後才交給我。

看著熟悉的妻子的字跡，我馬上熱淚盈眶。

你一定很辛苦吧？但你要堅持住，想著我們，想著外面還有很多人在幫忙，所以你要好好加油，撐過去。

不管看電視、吃東西，或做其他沒什麼特別的事情，我總是想起你。我每天祈禱，希望我們重新團聚。我很想你，也很愛你。

我每天睡前，都會讀一遍妻子的信。

我被捕之後，妻子始終沒有拿到簽證，只好帶著小兒子先回美國。雖然長子比較不讓我擔心，但一想到我不在孩子們的身邊，還有妻子必須在美國獨自撫養孩子，我的心情變得複雜起來。

還記得那天，中國警察在早上七點突然闖進我的住處，孩子被嚇得哭不停，妻子沉著的安撫孩子，挺起胸膛向警察們抗議……最後一次和家人見面，已經是一年多前的事了。

我根本沒想過，自己會碰到這種荒唐的事。不，現在回想起來，其實被抓之前，我身邊早就出現很多警訊，只是我始終沒有意識到這份危險。

當時妻子的同事們，因傳教而被中國政府逐一驅逐；我曾待過的外國教會，主任牧師被指控不恰當傳教的內容，被趕出中國。

剛開始，**習近平**以清廉的形象受到大眾歡迎，但隨著時間過去，他**以剷除腐敗制度為藉口**，開始無情的揮刀，透過恐怖政治來鞏固自己的地位和權力，全面**展現出充滿中國特色的社會主義，和「閉嘴愛國」式的大民族主義**，按照自己的想法來掌握和控制人民，在這個過程中，哪怕是一點點的障礙，也會全被清除。

我之前居住的地區，宗教對當地政府來說只是絆腳石，基督教因此成為第一個剷除目標。除了在共產黨徹底控制下的三自教會[7]以外，**所有被懷疑從事傳教**

7 又稱為三自愛國教會，指受中華人民共和國政府認可（在政治方面領導）的「自治、自養、自傳」的中國基督教教會。

活動的外國人和團體，都被中國警察和宗教局非法的竊聽和跟蹤，被抓住把柄的人會立即被驅逐出境。

吉林省延邊科學技術大學，是外國人在中國建立的第一所私立大學。這所學校由擁有美國公民權的金鎮京博士主導成立，和教授們合作運營。而這些教授會向自己的學生傳道，在這裡是公開的祕密。

雖然這是間經營了近三十年的老學校，卻在一夜之間發生了改變。因為習近平和共產黨政府再次公開譴責「宗教是鴉片」，每年都有數十名教授因非法傳教活動被拘捕，並驅逐出境。

最後，共產黨提出新政策：只有中國漢族才能擁有外國人所有或設立的學校。學校也因此決定於二〇二一年廢校（按照預定在二〇二一年六月，舉行最後一次畢業典禮之後廢校）。

海外各地的基督徒透過捐款好不容易建立的學校，瞬間落入中國人的口袋，我去過的教會，情況也不容樂觀。由於這些教會是不允許中國人出入的外國人專用教會，一直以來沒有受到中國政府太大的干涉，但在宗教局開始監視之後，教會牧師被指控「傳教內容違反共產黨政策」，而被驅逐出境。

中國政府不斷的干涉，使教徒們群起反抗，宗教局一度強硬的關閉教會，這件事就像「薩德事件」[8]，中國以消防安全安全為由，強迫在中國境內的韓國企業關閉。雖然教會在遵從宗教局的指示之後，重新開放，但由於已有許多教徒離開，再加上原本在教會中負責教育的傳教士及其家屬，相繼被驅逐，教會因此再也無法找回昔日面貌。

中國政府甚至驅離特殊教育學校、孤兒院等社會服務事業的人員，只要中國人稍微有點不滿意，就暴力逮捕或驅逐外國人。

一九九二年，韓國和中國正式建交時，一位金姓韓國人來這裡設立並經營孤

8 全名為韓國部署薩德反導彈系統事件，指大韓民國（南韓）接受美國的協助，在國內部署薩德反飛彈系統（薩德系統）的過程及衍生事件。薩德系統在二〇一六年七月八日正式宣布落實，部署的具體行動則在二〇一七年三月六日開始進行。該事件引發了國際性爭議，韓國主張這項軍事部署只是應付朝鮮民主主義人民共和國（北韓）的防禦措施，中華人民共和國則認為部署薩德系統會對其國土安全造成影響，並對韓採取多項反制措施。

兒院，結果到了今天，孤兒院也在一夜之間被搶走，他只能帶著自己領養的孩子離開中國；手工漢堡店「吉納斯」的老闆貝登，以及咖啡廳「羅德姆」的鄭姓咖啡師，什麼都帶不走，只能匆匆的離開中國。

現在回想起來，其實當初周遭早有許多跡象，只是我裝作沒看見。我不像妻子是虔誠教徒，我的事業也與宗教無關，最重要的是，我在中國生活十多年，以美籍企業家的身分受到特殊待遇。因此，我沒能掌握以中華思想和反美為旗幟，習近平獨裁政府的真面目。

在被捕前約四個月，在美國生活的母親說：「中美關係變得非常差，要不要現在回美國？」

我說：「這裡是朝鮮族自治區[9]，我已經在這裡生活十多年，在當地也很有人脈，所以目前沒打算回美國。」但事發之後，我瞬間體認到我的人際關係有多麼薄弱，也了解到，雖說是朝鮮族自治區，但這裡終究是中國共產黨的土地。

聽說我被逮捕後，妻子找了一個中國人民代表朝鮮族朋友求救，對方只對她搖搖手，說：「李社長現在因間諜罪接受調查，我無法幫助你們。」那些朝鮮族前任、現任公務員們，之前每次出國出差時，要向政府提交各種英語文件，以及安排到美國出差時的飲食和住宿等，都是拜託我的熟人幫忙處理，所以，在聽說政府下了逮捕令的最終許可後，大部分的人擔心自己會被監察部或安全保衛局[10]竊聽，最後連我妻子的電話都不接了。

媽媽身體還好嗎？想到因我而憂慮的老母親，我心裡非常難受。

「叔叔在想什麼？」慶哲邊問邊把被套翻過來抖一抖，不需要用到衣夾，就能讓被套掛在鐵棒上。

「想我的家人，不知道大家過得怎麼樣？」

「再撐一下就能出獄了，叔叔加油！」

「謝謝……慶哲不會想家人嗎？不會想見到他們嗎？」

9 簡稱延邊州或延邊，為中國吉林省下轄的自治州，是東北地區唯一的自治州。

10 安全保衛局為中國公安部內設職能局。對外加掛公安部港澳臺事務辦公室、公安部警務保障企業管理辦公室等牌子。主要負責組織、指導危害國內安全案件偵察工作，掌握敵情和社會政治動向，防範和打擊危害國家安全和社會政治穩定的案件，進行調查研究，收集情報資料，提出對策。

「我父母已經去世了，不過偶爾會想起我姐姐，會不會像以前那樣餓著肚子。」慶哲茫然的看著白色被單，陷入回憶裡。

※

慶哲的故鄉在北韓咸興，他不到二十歲就失去母親。他的母親在中學（六年制，含國高中課程）擔任教師，當發現母親得了子宮頸癌後，慶哲的人生變得完全不同。他說，在艱苦的行軍時期[11]，母親連玉米粥都吃不下去，別說給母親做手術了，當時連一劑藥都求不到。在北韓首都平壤保衛部擔任要員的父親急忙回到咸興，為了救活妻子付出了無盡的努力，甚至賣掉房子，用盡所有的錢，但希望全都落空。

慶哲的父親說：「我沒有理由要繼續待在這種餓死百姓的瘋子國家裡。」於是，他賄賂被派遣到國境保衛隊的同事，計劃脫北，但他沒想到這個計畫竟出現變化。

在脫北前夕，父親去要回以前借給別人的錢時，不幸死在債務人的手中，慶哲和比自己大四歲的姐姐，按照原定計劃強行脫北，然後去延吉見朝鮮族親戚。然而，在脫北途中，慶哲和姐姐分散了。此外，當親戚得知父親已經去世後，不但找各種藉口不帶慶哲前往緬甸韓國大使館，反倒將慶哲送往遼寧省瀋陽市裡，雇用大量非法北韓滯留者的某傢俱工廠。

慶哲不得不從那裡籌措能將他送到韓國大使館的仲介經費，同時打聽姐姐的消息，在這段期間裡，慶哲與一位脫北女子交往，同年發生一件動搖慶哲人生的大事。

在他得知女友被公司管理者脅迫後，便找管理者爭論，沒想到在爭執過程中不小心殺了人，驚慌失措的他立刻逃走，避開中國警察，足足走了四百多公里，

11 行軍時期是指一九九四年至一九九九年，在北韓發生的大面積飢荒災難，北韓官方稱之為「苦難的行軍」。在事件中，難以估算具體的死亡人數，而根據不同的文獻，估計死亡人數為二十四萬至三百五十萬不等，死因大多為餓死或因營養不良而病死。「苦難的行軍」一詞之後成為北韓對飢荒的委婉稱呼。

躲到位於遼寧省南端的大連。

慶哲無法忍受刺骨般寒冷天氣和飢餓，他這時想起自己在瀋陽工作時，曾遇見一位幫助脫北者的韓國牧師。他因此認為教會都值得信任，於是盲目的走進掛著十字架的三自教會尋求幫助。他說：「我是越過國境的脫北者，能分一點食物給我嗎？」

三自教會的漢族牧師先安撫慶哲，讓他安心，然後隨即報警。慶哲在經歷了兩個多星期的苦難後才逃到那裡，卻被逮捕了。

在調查結束之後，大連警察聯繫瀋陽警察，慶哲因為殺人罪而被拘留，在沒有律師陪伴的審判中，他因故意殺人罪被判處死刑緩刑。

後來，慶哲以「不是故意殺人」為由，反覆要求再審，但在中國，沒人願意聽他訴說委屈。起初，他透過絕食、自殘等方式為自己抗辯，但換來的，只有警察的暴力和滿身瘡痍的身體。

超過十年的艱苦牢獄生活，讓人變得容易死心。現在對於慶哲來說，計畫、希望、夢想等單字，都成了天方夜譚。他不像其他囚犯那樣期待出獄，因為他從這裡出去後，就會被北韓國境守衛隊移交到教化所，我們都非常清楚，保衛隊出身的叛逃者家屬會得到怎樣的待遇。

慶哲偶爾會跟我說一些他做的夢：小時候曾聽父親提過慘烈的教化所生活，夢裡的自己待在教化所裡，用鋤頭挖著凍僵的地，而姐姐手上拿著已經火化的骨頭，哭喊著、求救著。

「叔叔能答應我一個請求嗎？」平常都不肯接受我請客吃飯的慶哲，居然有事拜託我。

「如果我能幫忙，就會盡力幫你做。」

「韓國能找到脫北者嗎？」

「透過統一部[12]跟脫北者團體，應該可以吧！怎麼了？」

慶哲搔著後腦勺，有些尷尬的說：「其實我昨天夢到姐姐了，總覺得她好像在韓國……我很難跟姐姐見面，如果能讓她知道我在這裡，姐姐就不需要辛苦的

12　南韓中央行政十七部門之一，也是專責朝鮮半島南北關係的部門。

找我了。我想除了叔叔，我可能再也遇不到可以拜託這件事的人了。」

但問題不是慶哲的姐姐現在在哪裡，而是我們無法確定她是否活著。因為慶哲姐弟脫北時，在位於吉林省東南部的和龍附近被中國邊防隊發現，兩人在逃跑過程中分散，從延吉親戚家沒有聯繫來看，慶哲一直猜想姐姐是不是被抓回北韓死掉了，但是他昨晚夢見姐姐，背景不是教化所，而是自己曾在照片上看到的大韓民國。

「一定是南韓，那裡建築物很多，車子也很多，姐姐似乎在一家餐廳工作，她一邊洗碗一邊唱著南韓的歌。」

「南韓的歌？」

「我不知道歌名，但姐姐總是哼著這首歌，她說這是露宿在南韓地鐵站的街友們唱的歌。」

「怎麼唱啊？」

慶哲清了清嗓子之後開始唱歌，他的歌聲意外的優美，音感跟節奏很棒：

再怎麼固執也沒辦法啊！
那裡的狗屎墳墓就是我的家，
就算抬頭挺胸也沒有朋友啊！
連歌唱的鳥兒也飛向遠方，
不要走，不要走，不要走，
就為我高歌一次吧！
我抱著酸澀的心，
今晚也那樣哭著睡著了，
哭著睡著了。

我很熟悉這首歌，是南韓歌手辛炯琬所唱的〈螢火蟲〉，我仔細咀嚼歌詞含意後，不禁莞爾一笑，似乎就如慶哲所說，是街友唱出自己的處境。

不論如何，我都希望慶哲的姐姐仍活著，而且在韓國生活，因此我答應了慶哲的請求。

也許是因為被窩裡散發太陽的味道，那天晚上，我久違的做了幸福的美夢：我帶著妻小一起到某家紫菜飯捲店，慶哲和姐姐在櫃檯旁邊捲著紫菜飯捲，我不記得夢裡說了什麼，但看著慶哲的姐姐和我妻子聊天，一直哈哈大笑，我幸福而滿足的吃著紫菜飯捲。

3

阿里

在入獄之前，我先待在延吉看守所，某天凌晨時，曾有一名回族因竊盜而被抓進來。他是混血兒，所以外表與東方人大不相同，雖然和他相處的時間不長，但因為他是伊斯蘭教信徒及有語言障礙，所以讓人很難忘記他。

他因為說不出話，而被叫作啞巴小子，不過他長得太正常了，所以我和其他囚犯們偶爾會懷疑他是不是故意裝成啞巴。

啞巴小子因為疾病及看守所面外沒人幫忙湊錢的關係，他從第一天開始，就被管教（在中國，看守所的教導員被稱為管教）當作眼中釘。

不管我們喜不喜歡，每天晚上七點都要保持固定姿勢，看中國中央電視臺報導，「在習近平主席的卓越領導下，中國少數民族脫離貧困，現在過得很好。政府免費贈送公寓、電視和傢俱等，包含回族在內的各個少數民族，用生疏的普通話[13]在鏡頭面前磕頭，向中國共產黨表示感謝」之類的新聞。

但是這名二十多歲小伙子的故事，與這種新聞大相逕庭。

他住在土窯般的土房裡勉強維持生活，他的哥哥生病後，啞巴小子只能透過乞討來籌措醫藥費。為了生存下去，後來他加入街頭竊盜集團，跟著集團的人來到遠方偷錢。雖然和新聞中出現的回族故事極為不同，但有一點是一樣的，他們都信仰伊斯蘭教，是虔誠的穆斯林。

對於禁止食用豬肉的穆斯林來說，看守所提供的食物根本就是一種苦難，儘管看守所的牆上大大寫著：「尊重外國人和少數民族的文化和習俗」，但這只是嘴上說說罷了。

看守所的餐點裡沒有配菜，一天三頓的飯菜只有一碗飯和一碗湯。飯就算了，問題在於湯。也許是因為考量到以豬肉為主食的漢族，在找不到一塊瘦肉的湯裡，總是漂浮著一塊肥豬肉。即使是蔬菜湯，不知道是不是因為鍋子沒洗乾淨，經常出現前一餐吃過的肥豬肉殘渣。

啞巴小子因此絕食。在絕食第三天早上，打開鐵門進來的管教，不但沒給他清真食品[14]，還對他拳腳相向。憤怒的管教毆打他直到氣消，而一旁的囚犯們因

13 一種漢語之標準語與通用語。在臺灣稱為國語或華語。

14 符合伊斯蘭教教規的食物。

管教突如其來的暴力，嚇到愣住，不敢有任何動作，只能屏住呼吸看著他們。

「喂！你掐住這傢伙的嘴巴。那邊的，把飯拿過來！」

「兔崽子，看你還有什麼不吃！」

他們把泡在肥肉湯裡的飯，灌進了啞巴小子的嘴裡。他眼裡滿是淚水，不停的掙扎，想把食物吐出來，但是管教命令其他囚犯抓著他的四肢，讓啞巴小子沒辦法這樣做。

直到囚犯餵完啞巴小子一整碗飯後，他才恢復行動自由，看到管教出去時還不停罵人的背影，他忍不住放聲痛哭。

他的臉被血、眼淚、鼻水和飯粒弄得亂七八糟，看起來就像被陷阱纏住而嘶喊的野獸。我第一次聽到這樣悽慘的哭聲，而我之後也不曾忘記這個哭聲。

※

我在監獄裡認識了阿里，他和啞巴小子一樣是穆斯林，不過阿里是維吾爾族。維吾爾族是主要分布在土耳其、烏茲別克、哈薩克等中亞地區和中國新疆的突厥民族。

新疆維吾爾族是中國五十五個少數民族中，與漢族差異最大的民族，不僅是外貌，連語言、文化甚至宗教等，都很難找到相似的地方，因此，他們雖長期受到中國的統治，但至今也沒有被同化，反而成為最強烈抵抗中國統治的民族。

阿里用英文向我搭話，不知道他從哪裡弄來幾本英文教科書，還問我書裡的問題。雖然記不太清楚詳細過程，但我仍記得那本書由某間英國出版社發行，翻閱後，更發現這是中國國際學校的英語講師數年前使用的教材。託這本書的福，讓我能教得很仔細，後來阿里在睡覺前，都會拿著書來找我。

阿里是我在中國看守所和監獄中遇到的囚犯裡，最聰明的學生，在看守所也有不少漢族和朝鮮族囚犯拜託我教英文，但由於他們沒有基礎，所以很難教會。

阿里因中國政府的維吾爾族漢族化計畫，從高中時就被選為公費留學生，來到北京後，在中國共產黨體制下開始接受教育。在此之後，阿里的大學學費和生活費，全靠國家獎學金支付，簡單來說，阿里是精英維吾爾族，是新一代新疆維吾爾自治區領導人。但是阿里卻在度過一年大學生活之後被逮捕，在鐵北監獄已服刑七年。

阿里的家人生活在貧瘠的土地上，一輩子只靠牧羊勉強維持生計，對他們來說，阿里是這個家的希望，也是村裡引以為傲的孩子。他們無法理解他到底犯下了什麼罪行。

事實上，阿里只不過是在網路上看到了一個影片而已——維吾爾族對抗中國共產黨，要求獨立並製造恐怖襲擊——阿里在影片下方的留言激怒了共產黨，因此被判處八年有期徒刑。

無論中國共產黨政府如何用錢支持少數民族，阿里因為自小感受到漢族的嫉妒和歧視，以及有「消防車清洗被血染紅的柏油路」的殘酷鎮壓記憶，所以不想成為維吾爾族中的叛徒。

除了坐在破舊的黑布上祈禱以外的時間，阿里的眼神總是充滿憤怒，不過他對我完全沒有警戒心，我也不會對他說關於政治、獨立或恐怖主義之類的話。

「如果老師被驅逐出境，會回到美國嗎？」阿里總是用中文的「老師」，來稱呼我。

「因為我是美國籍，所以被驅逐的話，就會被送回美國，怎麼了？」

「我只是在想，我還能不能再見到老師。」

「被驅逐後，我暫時無法進入中國了。不過你很聰明，等你出去之後，來美國留學吧！這樣我們就能見面了。」

我第一次向即將獲釋的阿里表達心聲：「雖然我很了解你委屈的心情，但你也要考慮到父母。而且，暫時低頭，並不代表要永遠低頭！」

阿里沒有回答我，而是無力的笑著，而我不知道這個微笑的背後，究竟是什麼意思。

阿里在這裡被釋放後，會立即被帶到新疆維吾爾自治區的收容所，接受思想再教育。中國共產黨為了抹殺維吾爾民族和文化而建立的再教育營，是許多女囚犯被漢族獄警強姦、集體猥褻、拷問和強制避孕的地方，臭名遠播。

像阿里這樣的男囚犯在強制勞動的同時，還要接受洗腦：讚揚共產黨和習近平、演唱革命歌曲，如果不透過這個過程來拋棄自己的語言、宗教和文化，重生為中國共產黨，那麼隨之而來的，是無情的拷問，而且不知何時才會被釋放。

阿里上了年紀的父母一年會來長春鐵北監獄一次，從新疆到這裡的距離，可說是橫穿整個中國。一般來說，雖然新疆沒有飛機直航到吉林長春，得不斷轉機，但搭飛機仍算輕鬆的移動方式，然而這對貧困的老夫婦，為了探望兒子，只能搭好幾天的客運，又換好幾趟火車，整整花了一個星期才來到這裡。

以沒有懂維吾爾語的獄警監視為由，阿里連續七年來都不能打電話或者寫信給家人。阿里的父母根本不會普通話，一開始還被拒絕探視，但由於阿里的母親大聲痛哭，獄方才勉強允許可以翻譯維吾爾語的其他囚犯，協助他們會面。

老父母隔著會客室玻璃隔板時，看著越來越消瘦的孩子，只能無奈的流著眼淚，為他一年的生活準備些零錢。而看到每年遠道而來的老父母，阿里感到十分感激和抱歉，眼淚忍不住流下來，雖然他在這裡堅持了七年，但阿里未來不知道要在新疆收容所度過多長時間。

「現在暫時低頭，不代表要永遠低頭。」我又對他說了一次。我站在父母的立場，只希望阿里能暫時平息憤怒，哪怕是敷衍，也要向共產黨低頭，盡快離開收容所，早日和家人團聚。

新疆維吾爾自治區世界自然遺產風景「天山天池」，一年四季都呈現雄偉而壯麗的自然風貌，以那裡為根據地，生活了數千年的維吾爾族，現在不僅沒有獨立，反而因為中國共產黨想要那塊能源核心的土地，而面臨種族清洗的局面。

我忽然想起午餐時間，阿里總是一個人站在角落，手裡拿著飯，撒上好不容易弄到的清真食品醬油，而現在他已不在那裡。他在鐵北監獄服完刑的那年冬天特別冷，阿里就這樣被移到新疆維吾爾自治區某個再教育收容所。

4

鐵北監獄

我過去總是早上六點起床，但自從來到鐵北監獄後，凌晨四點就會醒來，否則從早上開始，就會嘗到地獄的滋味。

廁所破舊、狹小、臭氣熏天、也沒有任何隔板。因為六點後有越來越多人去廁所，如果在那時候才醒來跟著擠去廁所，就得忘掉人類的自尊心及羞恥心。

監獄裡，有些人坐在馬桶上大號，毫不在意其他人排隊上廁所傳來的壓力目光。每個馬桶之間會放上小盆子，其他人會在那邊洗臉，也有人朝那裡不停吐痰和漱口水……在這種情況下，我實在沒信心能好好的解決生理需求，所以我寧可睡少一點，在清晨把所有事情處理完。

雖然早上早點起床，可以避開這些野蠻行為，但晚上卻無法避免。有人在自己面前邊大喊著「好冷、好冷」，邊潑著冷水洗澡；有人在馬桶中間彎下身子洗頭；在小便器上擦餐具的傢伙；蹲在地上洗衣服的囚犯，還有一些人會在角落裡抽菸……場面一片混亂。

雖然這樣有點骯髒又令人羞愧，但是我在入獄期間從來沒有好好洗過澡，因為經過看守所的生活，我已經知道在零下二十度的冬天用冷水洗澡，百分之百會感冒。在這裡很難買到藥，如果生病的話，不只很難痊癒，也容易讓我陷入負面思考裡。

我不知道這裡什麼時候變成鐵北監獄，但聽說這裡剛開始關押的是國民黨戰俘。中國建築物即使蓋好後只經過十年，也會變得像危樓一樣，而這棟在中國內戰後馬上建成的建築物，至今足足過了幾十年，其慘烈狀況難以形容。

整個建築物外牆到處都是裂縫，雜草從縫隙中擠得面目全非；內部的狹窄通道上，有各種電線和管線，可能是管道漏水，導致牆面斑駁不堪；四層樓建築物的臺階邊角，部分都已經碎了，上樓時必須十分小心；走廊和房間的燈總是很暗淡；這裡的熱水供不應求，而且幾乎沒有正常供應過暖氣，即使溫度降到零下二十度，貼在牆上的暖氣也總是冰封的狀態，我時不時產生一種錯覺，自己被困在廢棄建築物裡

包括我們第八大隊的囚犯在內，鐵北監獄共有兩千多名囚犯在服刑，這是吉林省為數不多的可以收容死刑緩刑犯、無期徒刑犯等長期囚犯的重罪犯監獄。

據說，鐵北監獄長（所長）比其他監獄更早賄賂省內看守所，**以購買勞動力**

高的年輕長期囚犯，就這樣，被賣到鐵北的長期囚犯，平均會在這裡待上近二十年，每月只拿到幾十塊的薪水，**強制投入勞動**。

我們第八大隊負責長春大眾汽車轉包企業的工作，其他大隊則從附近工廠接到縫紉、焊接等各式各樣的工作。囚犯們透過勞動所獲得的收益，平均的進入監獄長、幹部、基層獄警……所有教導公務員的口袋，因此監獄長熱衷於抓捕勞動力高的囚犯，警察們為了提高工作產量，每天都要抓捕囚犯。

不知是不是因為這點錢無法讓他們滿足，鐵北教導公務員們甚至還用各種方法，騙取罪犯及家屬的錢，讓習近平的「剷除腐敗」口號變得格外諷刺。在監獄入監隊結束一個月的訓練後，監獄長和幹部們接受有錢囚犯們的委託，將他們調到不用勞役的幹部大隊（由處長級以上高層公務員組成的大隊）或義務大隊。

雖然基層獄警能拿到的金額不多，但取而代之的是，他們有無窮無盡的勒索錢財方法。非法通話、傳遞信件、違反探視規定和夾帶私製品等，利用在外面焦急的家人心情，以各種理由來獲取錢財。但是對他們來說，最有組織、最有利可圖的，則是與小賣部營運有關。

在鐵北監獄，普通囚犯可以使用的監獄勞作金（按：受刑人的薪水），一個月最多人民幣四百元（約新臺幣一千八百元），若只考慮中國的物價，這樣的薪水勉強可以勉強應付生活，但因為在外面賣一個兩毛的肥皂，在這裡卻要人民幣五元（約新臺幣二十二元），高昂的物價讓囚犯們的生活變得很吃力。

獄方不僅接受企業的賄賂，又向囚犯勒索錢財。在解除囚犯每個月開銷不能超過四百元的限制前，獄方會跟囚犯收取二〇％的鉅額手續費，就像信用卡詐騙一樣。

例如，如果某罪犯一個月花人民幣一千元（約新臺幣四千五百元），因比開銷上限多花人民幣六百元（約新臺幣兩千七百元），就必須繳交人民幣一百二十元（約新臺幣五百四十元）手續費。獄方不會對囚犯睜一隻眼閉一隻眼，而是確實拿走這些錢。在鐵北監獄裡，一個月花不只一千元，甚至花到兩千元（約新臺幣九千元）的有錢囚犯更是不計其數。也許就是靠著這些錢，像王警官這種低階職員，也能戴著光靠一年份薪水也買不起的名牌手錶。

鐵北監獄也有賣菸。本來監獄只販售菸葉，因為有濾嘴的香菸與每個月花費上限相比，實在是太貴了，基本上只要每天抽一盒普通香菸，一個月就要花人民幣三百元（約新臺幣一千三百五十元）。有些囚犯沒錢又戒不了菸，所以只好折衷選擇，花人民幣五十元（約新臺幣兩百二十五元）購買可以抽一個月的菸葉。

但是，有些在外面抽慣香菸的囚犯，不會喜歡沒有味道、還要自己動手捲起來抽的菸葉，所以會想辦法湊錢買香菸。而這些腐敗的教導公務員也不可能放過這個市場，於是獄方從囚犯中選出各大隊隊長，讓他們彙整囚犯的香菸訂單，然後透過獄警來購買。在這個過程中，隊長和獄警都收手續費。

入監隊隊長李長基不僅負責入監隊，還負責幹部大隊的香菸銷售，我在入監隊時，李隊長曾經讓我看要給幹部大隊的香菸。從一包人民幣八百元（約新臺幣三千六百元）的香菸，到超過人民幣兩千元的高級香菸都有。當時的我瞪大眼睛，說：「菸價高，利潤應該也很高吧？」久違像商業人士般問問題。

從新聞來看，習近平政府自詡為人民做事的清廉共產黨……但身為外國人的我，被抓進來一個月後，就看清中國的扭曲社會。中國人民到底是真的看不出來還是在裝傻？真是令人搞不清楚。

5

從入監隊到監獄

被移送監獄後，我第一次進入的地方，是有如韓國陸軍訓練中心的入監隊。中國特種部隊出身的李長基，在某案件中擔任行動隊長時，不小心殺了人，被判處十八年有期徒刑，當時他的女兒才一歲，到後來女兒參加大學入學測驗為止，李長基一直帶著「入監隊隊長」的頭銜服刑。

我待在入監隊時，他再十個月就滿期出獄。令人意外的是，他很照顧我。因為他看過我的相關文件，知道我不是無恥的罪犯，「朝鮮人、日本人、俄羅斯人，我連黑人都看過，但你這種美國傢伙，我還是頭一次見到！哈哈哈！」他豪爽的笑著，從那以後他在各方面都十分關照我。

李長基在入監隊裡負責壓制囚犯的氣勢，也許是因為他以前待在特種部隊，學過某種武術或練就打鬥技巧，所以他會用華麗的招式來教訓那些耍賴、不聽指令的囚犯，但是他對我遵守禮儀且親切，因此在監獄裡最辛苦的入監隊訓練期間，我才得以順利熬過去。

尤其是在移交監獄後，延吉看守所說要馬上給我剩餘的勞作金，卻遲遲沒有下文，由於意想不到的突發事件，我妻子、熟人和美國領事也忙著幫忙尋找匯零用金的方法。

第一次免費發放的香皂、牙膏和紙巾全用光了，我卻一毛錢都沒有，沒辦法買生活用品。這個時候，不知道李隊長如何得知消息，他把包含紙巾在內的各種生活必需品送給我。多虧他，我時隔許久終於能安心排便。也許是因為這樣，監獄裡開始傳聞：「李隊長會照顧那個美國傢伙。」這讓我不需要擔心自己被捲入不必要的紛爭之中。

一年多的看守所生活，讓我血壓升高、出現糖尿病。雖然在看守所時，有妻子按時送來的藥，但監獄卻完全不同。即使我向獄方表示自己有老毛病，也沒辦法好好做一次檢查，再加上我聯繫不了律師或監獄外的任何人，所以根本無法馬上得到藥品。

不知是否因為之前沒能好好吃藥，某天我的頭忽然痛了起來，那天晚上我準備去廁所時，突然在走廊上頭暈，差點倒下去，幸好那時同期因犯明哲迅速的抓住我，才避免重傷。

李隊長知道這個消息後，在沒有醫生處方的情況下，替我買到便宜的高血壓藥，並請獄警把我排除在基本訓練外。當時多虧了他，我過得還算舒適。雖然也因為這樣，在第八大隊每次行進時，負責警官會趁機虐待和指責我。李隊長還以我的刑期所剩無幾為由，本來打算繼續留我在入監隊，負責幫入監隊警官送餐或打掃辦公室等簡單的工作，讓我輕鬆等待出獄。

有一天，李隊長要去幹部大隊送菸，他找我一起過去，我背上袋子，裡面放有數十包高級香菸，跟這裡不會賣的珍貴包裝小菜和罐頭。

我和李隊長一起拿著外出證走到幹部大隊大樓前時，前任高層公務員都在外面三三兩兩的結伴散步，周圍出現了像隨行祕書一樣的兩人，其中一位頭髮花白，像個風度翩翩的貴族，我則按照李隊長的指示，把袋子交給他。

李隊長依照監獄長的指示，賄賂某前任高層公務員，而且，他還趁這次的外出機會，為了參加大學考試的女兒，去找曾在某所大學擔任過校長的囚犯，另外行賄。

在回監獄的路上，李隊長說：「不要擔心，直到出去為止，都待在入監隊吧！如果你想抽菸或有其他需要，隨時都可以說出來。」因為獲得監獄長深厚的信任，在一般囚犯中擁有強大權力的他，似乎一直擁有這樣的權限：可以隨身攜帶手機，白天和獄警們在同一個辦公室工作，吃著同樣的食物，甚至可以和其他獄警一樣，毫無顧忌的對囚犯施暴。

其實我因為高血壓和糖尿病的關係，一直希望能被分配到醫務大隊，所以聽到李隊長這麼說，讓我非常感激他的照顧。

※

妻子費盡千辛萬苦，終於找到人幫忙拿零用金給我。收到錢的那天，我幫和我一起進鐵北監獄入監隊的明哲，以及跟明哲同鄉的小率、光秀買東西。

他們三人中，三十多歲的明哲相當於隊長，他從入關第一天起，就一直照顧我。「大哥，讓那些傢伙做就行了，你去休息吧。」不管整理棉被還是洗碗，他都不讓我做。當時我口袋一塊錢都沒有，僅僅因為我是和他語言相通的同胞和年長者（按：韓國深受儒家思想影響，所以十分重視輩分、長幼順序），他便親切的叫我大哥，一有空就問我關於美國和韓國的各種問題。

為了報答他們這段時間的幫忙，我把日用品訂單交給明哲。

「我會留在入監隊，所以沒什麼需要買的。我幫你們買東西吧！多買一些像衛生紙那類的必需品，不要又沒了，像上次那樣丟臉。」

明哲曾經為了一位沒有衛生紙而無法上廁所的同鄉弟弟偷衛生紙，結果被逮個正著，衛生紙也被沒收了。之後一段時間，明哲找別人借衛生紙都得看人臉色，於是他偷用某個漢族的衛生紙。

明明自己也不夠用，某個漢族還大搖大擺的對明哲說，朝鮮乞丐們擔心因為沒有食物而餓死，才故意來中國監獄。明哲冷靜的回應：「像烏鴉一樣的傢伙，只有一捲衛生紙就敢囂張啊！」

小率問：「大叔，我們真的可以買嗎？」

「可以，算下來可以買到人民幣兩百元（約新臺幣九百元）左右吧！」

其他囚犯說，他們一個月有人民幣四百元，而我卻只有人民幣兩百元，我那時才知道，為什麼我的名牌顏色與普通囚犯不同。獄方從懲罰的角度，來限制共產黨認為犯重罪者的零用金使用限度，並將名牌做成古銅色來區分。但是身為外國囚犯的我卻被包括在其中，其中原因為何，至今仍令人好奇。

明哲他們要了九捲衛生紙、六條牙膏、六塊香皂，六塊洗衣皂……因為他們三人是共犯，離開入監隊後會分到不同大隊，所以他們要求的東西數量都是三倍，沒買吃的，只買了生活必需品，再加上是三人份，所以很快就到了限額，明哲不好意思的拿出了訂單，總共人民幣一百九十八元（約新臺幣八百九十元），因為沒有兩元的東西，幾乎買到金額上限。

「大哥，你真的沒關係嗎？」

「別擔心，你們接到大隊的命令應該會很辛苦，還是好好撐住吧！」

明哲一聲不吭的翻看我手上的訂單，突然流下眼淚。「對不起，大哥，遇到像我們這種厚顏無恥的傢伙，連一碗大哥喜歡的泡麵，都沒辦法請你……。」

不知是不是因為哽咽，明哲說不出話，只是一個勁地抽泣。我以前看其他囚犯吃著泡麵，無心的說：「我已經一年多沒有吃泡麵了！」但他卻將這句話聽進心裡了。

「當了十年兵的人民軍怎麼還這樣哭？我還有錢，就算這個月不能吃，下個月買來吃就行了！」我為了緩解尷尬氣氛，提到明哲一直掛在嘴邊的「十年兵人民軍」，明哲擦著眼淚再次露出笑容。

明哲、小率還有光秀在兩年前越過國境，躲到中國長白朝鮮族自治縣，為了去位於吉林省東南部的白山市，而偷了摩托車。後來因盜竊罪被判處四年有期徒刑，關押在長白縣看守所，接著被移監到鐵北監獄。

即使考量到偷渡罪，他們偷的只不過是農戶的舊摩托車而已，四年刑期顯得過於誇張。記得我在延吉看守所時，有一名漢族盜竊犯偷竊人民幣四萬元（約新臺幣十八萬元）而被帶到這裡。他因有律師，且會賠償損失，所以只被判一年三個月的刑期。

※

明哲一行人原本在自己的小村莊裡生活，當時得知漢族老人和親戚有好的工作機會後，就急忙偷渡到中國。

對明哲來說，他在中國國境對面小村莊生活三十多年，從以前就很熟悉周遭環境和國境守衛隊的路線，再加上他長期在人民軍隊服役，身手敏捷且矯健，能輕易越過國境，所以偷渡並非難事。

十年來，在苦難的行軍時期，他當人民軍期間吃盡苦頭，退役後也沒有獲得任何優待，即使認真工作，也很難讓老母親、妻子以及唯一的兒子，好好的吃頓飯跟生活，大米常常不夠，靠玉米粥充飢的日子越來越多。

「我們三人在當人民軍時認識。」明哲說。

「北朝鮮一直是這副德性，有人在江原道休戰線前的前方部隊服役，因為吃不下東西，營養不良而死；有人在山上挖東西，染病而死，還有人後來逃到韓國……反正什麼人都有。有個逃到南邊的人後來在韓國電視臺上，說他當上了某大學地理學教授，過著好日子……。

「反正沒什麼可吃的，部隊讓我回老家拿馬鈴薯種子，因為我的故鄉慈江道和江原道的氣候相似，所以長官想要種種看。我找著能放馬鈴薯的背包，可是在部隊裡，別說是背包了，連一個像樣的袋子都沒有。

「我就這樣空著手坐火車來到慈江道，途中因斷電，所以火車停下來，當時一斷電就要處理好幾天，我只能一直枯等。

「那個時候，火車上的一名女軍官死了，你知道為什麼嗎？她是餓死的！因為連續幾天在鄉下的火車都開不動，其他乘客都到周圍農家那裡不斷乞討，直到火車修好為止，但這位女軍官因為自尊心，不願意去乞討，結果就餓死了，那時候我忽然驚醒，這個由金氏家族掌控的國家，到底成了什麼樣子？」

總之，正如明哲當時所預料的那樣，隨著國家的經濟每況愈下，人民分配到的食物配給量也逐漸減少，但共產黨不能讓人民餓死，所以對集市生意[15]睜一隻眼閉一隻眼，甚至裝作不知道人民開墾土地私自耕種。

明哲家年過六十的老母親開墾後山，專心耕作，妻子還從家裡坐四個多小時的車，到惠山做生意。在這段期間，母親的舌頭出現上不知為何長出一個瘤，妻子也意外有了第二個孩子。焦急萬分的明哲賄賂部隊長官，讓他只是掛上名字，不用去部隊，後來他變成來往國境的全職走私和盜竊犯，他的生活才逐漸好轉。

過了一陣子後，他聽說中國有一份「好工作」。明哲為了一次解決母親醫藥費和孩子養育費的問題，甚至組成小組越過國境，但還沒找到「好工作」，他們就在關口被抓住。

原本計劃從長白縣徒步到白山市的明哲、小率及光秀，看到停在農家的摩托車後，臨時改變計畫，他們偷了摩托車，決定只在晚上移動，白天就躲在樹林裡睡覺。但是偷來的摩托車因老舊而不斷故障，還因為漏油而浪費了不少時間，他們幾乎沒什麼移動。三人不得不從附近偷走另一臺摩托車，當時已經天亮了，在他們把摩托車藏在樹林裡然後睡覺時，第一臺摩托車車主已經報警，他們就這樣被仔細搜索的警察們逮個正著。

包含連中途丟下的故障摩托車也算在內，他們三人因涉嫌偷竊六臺摩托車而被起訴。

因為是老車，無法精準定價，所以警察以每臺車價值人民幣六千元（約新臺

15 為了自謀生路而進行的地下經濟活動。

幣兩萬七千元）來計算，總盜竊額為三萬六千元（約新臺幣十六萬兩千元）。審判在沒有律師幫助的情況下進行，明哲他們被冠上竊盜罪和非法越境罪，並被判處四年有期徒刑。

明哲妻子無法得知審判消息，只能在北韓等著，明哲也因無法傳達消息，而感到萬分焦急。

「她怎麼可能等我四年呢？一定會遇到別的男人吧……妻子肚子裡的老二搞不好會流掉……。」明哲總是炫耀自己妻子端莊賢淑，有很多人喜歡她。但一想到自己現在的處境，明哲逐漸失去希望，陷入負面思考中。

即使是罪犯，怎麼說都是自己國家的百姓，北韓政府卻不聞不問；而中國，明明只是鄰國，幫囚犯向家人傳遞一張審判結果，真的那麼難嗎？總是口口聲聲說為了人民的中國和北韓共產黨，表裡不一的模樣已經讓人厭倦了。

結束入監隊訓練後，接下來是等著被分到大隊的日子，從被中國警察逮捕的那天開始，我的人生一直朝著意想不到的方向邁進，就像偏離軌道的火車頭一樣無法停止。

不顧李隊長的要求，獄方硬是將我調到只有長期囚犯才能去的第八大隊，不只我，其他囚犯也覺得這個結果很莫名其妙。把剩沒多少刑期的外國囚犯送到第八大隊，我只能理解為，這是監獄方抱持要讓美國傢伙吃盡苦頭的心態，所做的決定。

我被捕之後的那段時間，中美關係不斷惡化。

以報復關稅開始的鬥爭中，美國以涉嫌間諜罪，逮捕中國通訊企業華為副董事孟晚舟；支援香港民主化示威；提出新冠肺炎中國陰謀說，並譴責中國侵犯新疆維吾爾人權問題。而中國不僅針對美國人，還故意向美國友邦加拿大、澳大利亞找碴，將他們逮捕或驅逐出境，然後再透過新聞表示：「幕後有人操縱、干涉他國內政。」

和我的期待相反，這場鬥爭沒有結束的跡象，而且還越演越烈。中國新聞對美國的批判越來越誇張，甚至達到了盲目的程度，在看守所和監獄中，把美國當作主要敵人，逮到機會，就對囚犯進行反美教育。電視上播放著抗美援朝（六二五戰爭）[16]相關的電影和紀錄片，在中國人心中樹立起一種「即使再和美國較量一次，我們也能獲勝」的自信。

中國中央電視臺的新聞，每天播放內容跟模式幾乎一模一樣，每到七點，習近平就會登場，不管是國內視察還是國外訪問，無論走到哪裡，都能看到如雷的掌聲和歡呼的群眾，見到習主席的人們，會在第二天的新聞中表示，關於習近平的偉大以及自己有多麼感謝他。

接著，習近平介紹包含總理在內的共產黨最高領導人（政治局常務委員），再來是中國經濟發展的消息。他說，在未來長遠的日子裡，中國將迎來世界最長的大規模建設。

儘管全世界受到新冠肺炎影響，但新聞上各種有關中國的經濟圖表，仍呈現正成長，無論是政治、社會或經濟，都找不到關於中國的一絲壞消息。

在共產黨自吹自擂的時間結束之後，就會進入國際新聞。通常第一則國際新聞，絕對是有關美國災難的消息，舉例來說，美國因為山火、洪水和龍捲風等災害，生活變得一團糟。如果沒有自然災害，中國媒體就會報導各種示威或事故：催淚彈四處爆炸，示威隊伍和警察展開激烈肢體衝突；因槍擊事故而嚎啕大哭的遺屬們。此外，在新冠疫情爆發後，新聞每天都會比較美國和中國的感染數和死亡人數，並把結果顯示在畫面上。

其他囚犯看了這些新聞後，都轉過頭來看我，露出憐憫的表情：「怎麼會生活在那樣的地方？」也有人被主持人熱血的臺詞鼓動，並指著我大罵。這時，我能做的，只有不做任何反應，像透明人般靜靜的坐著。

16　六二五戰爭，是朝鮮半島上的朝鮮民主主義人民共和國政權與大韓民國政權之間的戰爭，其中北韓受中國和蘇聯的軍事支援，而南韓受到來自聯合國（主要為美國）的軍隊支援。戰爭於一九五〇年六月二十五日，在邊境地區發生衝突及南部發生叛亂之後，北韓開始南下入侵南韓，聯合國軍與中國人民志願軍先後參戰，最後於一九五三年簽署停戰協定。這場戰爭深深影響了中國的地緣政治局勢。

在我被分配到第八大隊後，李隊長跑來跟我說：「不是我的錯。要怪就怪川普吧！你只是運氣不好，在錯誤的時間待在錯誤的地方而已……。」

那個時候，監獄方的人大概以為我不是普通的外國囚犯，而是敵國的俘虜。從我一開始因為委屈而抗辯、被逮捕、起訴到之後的審判，中國政府連自己制定的法律都不遵守，隨意把人抓進監獄，在自己想要的時間起訴、審判不法分子，而這類的情況已經存在很久了。

我原以為自己會留在入監隊，不會被分配到其他地方，所以什麼都沒準備。所幸，明哲幫我打包行李，還擔心的叮囑我：「去那裡的話，一定要跟他們要高血壓藥！那些臭烏鴉其實不敢真的對美國人隨便亂來，中國和北韓都一樣，只會吹牛，連打架的膽子都沒有，他們只敢說說而已……大哥即使再累，也要堅持下去！」

而小率為了這樣的我，從某個地方撿來碎一半的塑膠飯碗和褪色的免洗湯匙，他說：「大叔，聽說在工廠和宿舍用的餐具要分開用。」

「謝謝明哲和小卒！你們也要好好撐下去……我相信只要活著，總有一天我們還會見面。」

道別之後，我給明哲一張有電話號碼的紙條。

十年兵的眼眶又紅了：「大哥，不管怎麼樣，我一定會聯絡你！即使不能請你吃泡麵，我也會給你一盤玉米麵條，所以，到我們再見面之前，你一定要保持健康喔！」

我在中國用的電話號碼已經停很久了，而妻子也回到美國，我不知道她的中國電話號碼還能不能用。苦惱了很久，最後我把朋友在中國經營的餐廳電話號碼寫在紙條上，因為這家餐廳很有名，所以號碼能存留很久。

雖然明哲會在這裡度過剩下的刑期，但他從朝鮮教化所出來到中國，再聯繫我，需要多長時間呢？但不論如何，只要那個號碼還在，我都有機會再次聽到明哲親切喊著「大哥！大哥！」的聲音。

6

陌生的回憶

長期待在監獄裡，囚犯會出現之前沒有過的各種症狀，而從外觀看，能馬上分辨有無出問題的部分是牙齒。

不論看守所或監獄，都沒有牙醫，雖然我聽說有一項規定，是如果囚犯提出要求，即使要找外部的醫療人員，也要叫來這裡替囚犯進行治療。但我從未見過接受過牙科治療的囚犯，而且也沒有囚犯聽過這種話，因此我以為這裡不接受這種要求。

看到因故意殺人罪而服刑十二年的朝鮮族囚犯金國浩後，我更加確信這一點，他的牙齒因為長期沒有接受治療而蛀爛，牙齒勉強插著根部，根本沒幾顆能用，不誇張的說，似乎稍微推一下，牙齒就會掉下去。

他畢業於龍井大成中學[17]，在這裡，是「高學歷知識分子」。

我記得在某個假日，我不想待在狹窄的房間而到走廊透氣，忽然警鈴大作，好幾個囚犯在走廊上奔跑，我完全搞不懂到底發生什麼事。

這時，住在我隔壁牢房的金國浩用韓語對我說：「是消防訓練，只有組長要出去，我們不用。」

他接著問：「聽說你是美國人，你住在哪裡啊？我哥也在美國。」

「我住洛杉磯。」

「你住在加州啊，我哥住在奧勒岡州的西雅圖。」他假裝很了解的樣子，明明西雅圖是華盛頓州的一座港口城市。

但這裡的囚犯們大部分連美國在哪裡都不知道，甚至還有人說美國的一天只有二十三個小時，相比之下，他確實是知識分子。雖然我後來才知道，他在被抓進來之前，其實是一位地理老師⋯⋯。

據他所說，這裡唯一的牙科治療，就是到醫務大隊被人用鉗子拔牙，幸虧我的牙齒狀況還算不錯，沒有為此受苦。但包含金國浩在內，許多囚犯的牙齒狀態慘不忍睹。

當然，不只是身體上的毛病，只要和其他人稍微相處過，就會發現某些囚犯

17 為一九二〇年代反日鬥爭和進步社會活動的策源地，研究延邊地區早期革命活動史及對廣大青少年進行愛國主義教育，現為延邊朝鮮族自治州重要文物保護單位。

可能有精神疾病，尤其是服刑越久，患有精神病的人就越多。不知道他們在被抓進來之前就是那樣，還是因為被關太久，才變成那樣。

金國浩不僅牙齒不好，連精神狀態也非常糟糕。

他進監獄的前七年都沒說話，似乎活在嚴重的被害妄想中。他主張自己在工作時什麼話都不說，是因為中國國家安全局正在竊聽，還抱怨說八旬父母因為無處可去而住在教會，導致自己受到共產黨的鎮壓，才無法從這裡出去。此外，他還說獄方給的早餐有毒，才讓他的牙齒變成這樣，因此他死都不吃早餐。

對於這些一看就覺得腦袋有問題的囚犯，獄方打從一開始就沒有考慮要提供他們諮詢或治療，囚犯的牙齒爛就爛，變瘋的話，就讓他去瘋，獄警只想盡可能的把囚犯留在這裡，讓自己有錢賺。

自從來到第八大隊之後，我因拿不到高血壓藥而焦慮，慶哲對我說：「叔叔一定要好好的照顧身體，在這裡因工作候暈倒而被送到醫務隊，就這樣死去的人不計其數，但是就算監獄裡出現死人，這群傢伙的眼睛連眨都不眨一下。」

他的話，讓我想到前陣子有一名六十多歲的囚犯，在工作中突然昏倒，被人用垃圾回收推車送到醫務隊，負責的警官露出「真倒楣」的樣子看著那個囚犯一眼，說：「難怪他痴呆。」接著對著我們大呼小叫：「臭小子，還不快幹活！今天想做到多晚啊？」

吃完午餐，我蹲在地上休息，周遭其他的囚犯也晒著初冬的太陽，三五成群的聚在一起聊天。冷風吹過我的臉，我不經意間抬頭看著天空，總覺得雲朵的形狀好像在哪裡見過。

酒杯、帽子裡的貓、鴿子、帶著禮帽的紳士背影……我想起來了，我曾在喜歡的畫家作品中看過類似的圖案。

我總覺得**監獄**是個很特殊的地方，似乎**可以隔絕我的時間和記憶**，每當我想起過去的事時，反而對那些記憶感到陌生。

在這裡，每天被強迫勞動，一打鐘就吃飯或睡覺，我甚至**產生一種錯覺：這種如奴隸般生活，本來就是我的人生**。我的夢，無法越過監獄的高牆。

在夢裡，朋友找我打高爾夫球，我卻擔心做不完工廠裡的工作，而戰戰兢兢；在夢裡，和家人一起愉快的用餐，只有我獨自回到監獄裡又舊又窄的床上。

「那個超現實畫家叫什麼名字呢？」無論是在紐約還是首爾，我都曾參加過他的特展，還把他的畫掛在我的房間裡。而現在，我連他的名字都想不起來。

待在監獄的時間越長，我越想不起那些日常生活中的姓名和單字：妻子喜歡的衣服品牌、孩子喜歡看的超級英雄電影名稱……雖然隱約有印象，我卻支支吾吾的說不出來。或許是因為監獄裡，除了共產黨和習近平的新聞之外，沒有太多可以接收其他資訊的管道。

空虛的度過休息時間，我就像殭屍一樣，用越來越醜陋的雙手繼續工作，直到太陽下山。

那天之後又過了一個多月，我才終於想起來那位超現實畫家的名字——雷內．馬格利特[18]。

18　比利時超現實主義畫家，因為其超現實主義作品中，帶有些許詼諧以及許多引人審思的符號語言而聞名。

7

繼續奮鬥

下午兩點左右，王警官向正在工作的我招手。兩名看起來比王警官更高階的警官、入監隊李長基隊長與一名隸屬於入監隊，專門替李隊長跑腿的朴姓朝鮮族囚犯在等著我。

我跟著他們到入監隊警官辦公室後，朴姓囚犯才告訴我來龍去脈，然後說要和美國領事通電話。

李隊長說，現在由於新冠肺炎，所以無法安排會面，但其實我在入監隊時，獄方就以沒有懂英文的警官為由，拒絕美國領事館視訊會面的要求。不過，這次領事館得知這裡有可以翻譯韓文的警官之後，就要求讓韓裔美國領事與我通話，獄方找不到藉口，只好勉強答應。

要跟我通話的人是崔領事，不過我從沒聽過負責領事館業務的人裡有韓裔領事，而且我無法理解，為什麼一直為我擔心並協助處理各項事情的艾倫領事，忽然被排除在外。

在撥電話之前，獄方像往常一樣警告我：「你絕對不能談到監獄內部的事情，如果他們問你，你就要說自己吃得好，也過得很好，如果你向他們說了什麼廢話，你在這裡之後的生活就會很難過，知道了吧！」

朴姓囚犯囑咐我說話要小心，接著李隊長把電話切成擴音模式。

「您過得還好嗎？身體有沒有不舒服的地方？」

房間裡其他人可能沒發現，但我一下子就察覺到，雖然韓文說的有些生疏，但這個聲音不是別人，而是艾倫領事。我在看守所的日子，每次會面時，為了讓那些一直黏著我的中國外事科職員、警察、檢察官、看守所副所長等人聽不懂，我總是用英文說話，所以一時忘記了艾倫領事會說韓文。

美軍軍官出身的艾倫領事雖然是白人，但他在軍隊裡開始學習韓文，後來在韓國的美國大使館工作，而且娶了韓國妻子，所以他能用韓文與韓國人溝通。他在得知可以用韓文來通話後，馬上決定裝成「崔領事」，並申請用語音代替視訊進行會面。

之前每次見面，他都說：「抱歉，沒能幫上忙。」我最後一次見到他，是在最終宣判的時候。

那時因為新冠肺炎，我在看守所只能透過視訊出庭來聽審判。當時現場一片混亂，而在審判現場的艾倫領事，則趁機拿起麥克風，快速朗讀出妻子在美國為我寫的信：

「美國現在好熱啊，柱光（作者的小兒子）也漸漸長大了。雖然打掃讓我很累，但不論如何，我都會好好堅持下去，不用擔心。

「要感謝的事有很多，但我特別感謝領事、在科技大學裡幫忙祈禱的人，以及那些默默為我們祈禱、加油的人……。」

資產被扣押、律師費用，再加上罰款……因沒有錢，妻子只能在美國找了清潔工作，來賺取微薄的生活費。一想到美國因為新冠肺炎而變得一團糟，妻子還得在那個艱困的狀況下，獨自照顧孩子，我便忍不住哽咽。

「這小子在幹什麼？」

在後面監視我的看守所軍官，注意到螢幕上艾倫領事的動作後，馬上透過麥克風命令在審判現場的管教制止他，「快把那個美國傢伙的麥克風搶過來！」

「我還找到沒有工作時，會到教會祈禱，我祈禱的時候，你那邊是晚上，所以我總是祈求，你能夠睡個好覺。呃……等一下！等一下！總之加油吧，李先生！」因為被管教干擾，艾倫領事只能匆匆結束信上的內容。

那時候別說跟家人會面了，連訊息都無法傳遞過來。艾倫領事耗盡全力，盡可能的為我多讀妻子的信。

「是的，我很努力的撐著，我的家人過得還好嗎？」

「他們一切都好，不用擔心，你好好照顧自己吧。柱光現在很適應美國，在校成績也是A+。」

艾倫領事每次來看守所會面時，都會在外面另外和我的家人見面，也時常透過Instagram與我的家人聯繫，也很照顧我的孩子。

其實，還發生了這樣的事：我被逮捕時，中國警察們沒收了當時還是小學生的柱光的手機、電腦，甚至是數位相機，就算調查結束後也不願歸還。艾倫領事得知這件事後，走向監視我們會面的警察前，痛斥：「他孩子是美國公民，請你盡快歸還與這次事件無關的美國人之個人物品！」

中國警察這時才表示：「很快就會還給你。」雖然他這樣說，卻花了兩年才做到，而且我們夫妻的**扣押品和可以換錢的物品都被搶走了**，只剩下沒用的舊物。我也是後來才知道，妻子任教的學校不再發放滯留中國的簽證，擁有韓國國籍的妻子原本考慮去韓國，但杜光對艾倫領事說想去美國，因此他親自安排妻子的簽證，我的家人才能順利抵達美國。

在這次通話中，艾倫領事說他大概下週就能收到我妻子的來信，而且他已經和獄方溝通了，可以讓我回覆信件。他和之前一樣，說著「沒能幫上忙……」而向我道歉，並接著說：「如果解除會面限制，一定會來找你。」

他接著問我：「監獄環境怎麼樣？」

雖然事前受到威脅，但我實在無法說謊，所以就用英語簡略的回答，艾倫馬上聽懂我意思，然後也用英語回答：「下次也用這種方式告訴我吧。」

警官們聽我們用英文對話，立刻睜大眼睛，要我告訴他們用英文說什麼，我只能含糊其辭帶過：「沒什麼，我說還算待得下去。」

警官們不相信我的話，便語帶威脅的說：「反正重看錄影，馬上就能知道你幹了什麼。」

一來一往中，我因激動不自覺提高音量，這時正好有個人邊罵邊走進來，房間內頓時安靜下來。

「這小子怎麼回事，吵什麼吵啊！」

他是矯正科科長，因不管在什麼時候，不論在哪個地方，他都會對囚犯使用暴力而聞名。例如，在入監隊時，所有新進囚犯都要去醫務隊拍X光片，當時他以明哲和小率用韓文對話為由，抓住本來站在走廊上等著拍X光片的他們，用力的往水泥牆上撞，害得這兩個傢伙的額頭滿目瘡痍。

所有人都因為科長突然的行動而愣住，什麼話都說不出來，只有李隊長站出來為我辯護：「他是美國人，還不太了解監獄的規則。」

「所以你的意思是，美國傢伙就可以隨心所欲嗎？你這個臭小子！」他責備李隊長的同時，怒視著我。

他忽然命令我把衣服脫掉，而一旁的朴姓囚犯也催我快點脫掉上衣，我因為受制於當下氣氛而照做。可是，他竟指使其他獄警拍攝我脫下衣服的畫面，不想再忍受屈辱的我，在還穿著一件內衣的情況下，默默的撿起衣服重新穿上了。

「這小子是瘋了嗎？」看到我這樣，科長壓住我的脖子還舉起拳頭，像是要揍我一樣，但事情就到此為止。不知是因為我瞪著他，還是因為李隊長抓住他的腰，或是真的像明哲說的那樣，因為我是美國傢伙，總之科長最後沒有動手。但過沒多久，我被帶到「懲罰室」，吃盡了苦頭。

在那裡，我坐在長椅上，和其他闖禍的囚犯一起背誦孔孟書籍，每天從清晨到夜晚，要背十六個小時，若稍微偷懶或出錯，監督的獄警會毫不客氣辱罵和暴力相向。

所謂的「**中國特色社會主義**」，簡單來說，就是**僅靠習近平的思想，無法樹立國家的理念**，因此在建立共產政權的同時，**他利用儒教秩序，在學校、軍隊和監獄來洗腦人民**。

雖然中國共產黨員將近一億人，但在已經嘗到資本主義甜頭的中國，實際上無論在思想或制度，都不存在真正的共產主義。

在資本主義的經濟體制下，中國人民像香港一樣，沉浸在自由和民主主義中，這是威脅習近平獨裁政權的最大危險因素，因此他便在思想的基礎上，用儒教做為補充策略。

他沒選擇佛教、道教或基督教，而**選擇儒教，是因為儒教具有政治效用**。以中央集權的秩序和強權精英的存在為前提，儒教秩序的社會是最符合習近平內心夢想的「中國夢」（始皇帝）。

也許是因為在懲罰室裡承受的巨大壓力，我回到第八大隊後，仍在頭痛。在入監隊時，因為李隊長的照顧，我可以吃到便宜的高血壓藥，但在第八大隊幾乎買不到藥。而且，不知道什麼原因，我接受體檢時，血壓顯示正常，因此我不得不停止服用已經吃了五年多的高血壓藥。我只在感覺症狀嚴重時，跟慶哲要了一、兩顆他吃的血壓藥而已。

至於糖尿病，因為醫務隊不幫我做診斷，所以也沒辦法拿到藥。

那天晚上，我艱難的爬上雙層床，當時的感覺就像在坐雲霄飛車，全世界都在轉。由於還有頭暈和嘔吐症狀，我只能靠著牆壁休息。

我因為難以入睡，所以從被子下拿出妻子寄來的信。還好，即使到了晚上，大家都睡著了，看守所跟監獄也不會熄燈。

每當我感到孤獨和疲憊時，都會一讀再讀妻子寄來的信……還有十三歲兒子緊貼在妻子腿邊的照片。

「……杜光學會知足，懂得滿足現況。杜光總說雖然我們一無所有，但我們還是很幸福，等到爸爸出來之後，就能和媽媽一起工作，一起解決堆積如山的事情了！」看著妻子的信和照片，我只能想著，自己到底能不能平安離開這裡，再次見到家人。

那天晚上看完信後，我做了一個夢，夢裡，兒子在樂高玩具賣場裡興奮的逛來逛去，他問：「爸爸，買這個會不會太貴？」

這時，場景瞬間轉換，我看見父親年輕時的身影，他緊握我的手，我穿著白色長筒襪和吊帶短褲，而父親望著天空唱著班・弗茲（Ben Folds）的〈*Still Fighting It*〉。後來，唱歌的父親漸漸變成了我，小時候的我在不知不覺間變成了兒子，在那個夢裡，我好像哭了很多次。

■〈Still Fighting It〉歌詞

Good morning, son.

I am a bird wearing a brown polyester shirt.

You want a coke. Maybe some fries?

The roast beef combo's only $ 9.95.

It's okay, you don't have to pay I've got all the change.

Everybody knows, It hurts to grow up.

And everybody does.

It's so weird to be back here.

Let me tell you what the years go on and，

We're still fighting, it we're still fighting it.

Oh, we're still fighting it. We're still fighting it.

And you're so much like me. I'm sorry.

■〈Still Fighting It〉歌詞翻譯

早安，兒子，
我是一隻穿著褐色聚酯纖維襯衫的鳥。
你想要喝可樂，也許也想來點薯條？
烤牛肉套餐只要 9.95 美元。
沒關係，你不用結帳，我已經付清了。
大家都知道，長大成人是件痛苦的事，
但是大家都做到了。
回到這裡的感覺真是奇怪，
讓我告訴你，歲月是如何流逝，
我們還在戰鬥，我們還在戰鬥。
噢，我們還在戰鬥，我們還在戰鬥。
而你長得如此像我，我感到很抱歉。

8

傻瓜和小嘍囉

在我準備去見警察時，老李不斷叮嚀：「他們一定會指控你從事特務（間諜活動）」、「我住在和龍的朋友曾幫忙韓國國家情報院做事，結果被處死。在中國，如果被他們說成是間諜罪，那你就完蛋了。」

笨重的鐵門被打開，管教在我的手腕戴上的手銬，跟電視或電影裡看到的不同，是非常舊的款式。我在管教的帶領下走向會面室。

我來到延吉看守所已經一個多月了，這棟建築物裡到處都是黴菌，空氣中的味道，讓我有時會誤以為自己被困在一條腐爛的鯨魚肚子裡。

被捕之後，我隨即被拘禁在這裡，熬夜接受調查，今天是不需要逮捕令就可以拘禁我的最後一天，幸好當時一起被捕和接受調查的妻子，在第二天就被釋放了，不過其他和我有牽連的熟人和職員都還在這裡。

「如果有十幾個人去李先生家，同時還有十幾個人闖進你的公司，那就不是普通的事了，這代表警察根本就是下定決心要抓你！」

「非法經營罪？哈！」老李冷笑幾聲：「警察只是想先把人抓進去，所以隨便拿個罪名來用而已。面對在經營公司的人，怎麼可能會查不出東西？從韓國來的大企業，也都只能聽警察的。只要警察覺得你有問題，就算沒有證據，也會先用『非法經營罪』來抓人，以防後患。」

從我來到看守所那天起，老李就詳細的詢問了我的事情，身為在這個看守所待了三年的囚犯，他代替了不知道我為什麼被抓來的律師，冷靜的幫我了解、釐清整個事態，並提供建議。

「這麼說有點抱歉，但大概是因為最近我們跟美國的關係不好……美國人用間諜罪把中國人抓進去，所以中國為了報仇，才想辦法要判李社長特務罪。不然，在百貨公司跟網路上都有賣的東西，只是因為你未經許可販售，就把你這個外國人抓來這裡，這太不合理了！其他傢伙怎麼可能全都拿到許可之後才賣東西，就算真的因此違法，一般來說，繳罰款也就沒事了。」老李越說越激動。

他的話讓我有點鬱悶，我在這裡生活了十多年，我認為雖然中國形式上被稱為共產國家，但在開放外國人入境、開放進口的同時，就染上資本主義色彩，不會像北韓一樣隨便抓人、拷問人。尤其一想到中國一直以來，都禮遇我這樣的外國人，所以我無法輕易同意老李的話。

「哎呀，真煩！當年哪怕只有一分錢，都希望得到外資。但現在情勢不同，尤其在習近平上臺之後，就開始變調！你有聽說過三〇四號室那個留美回來的朝鮮族大學生的事嗎？說『習包子』的那個。」

二〇一四年，習近平在探訪民生活動上，來到北京一家名叫「慶豐包子鋪」的平民包子店，花了人民幣二十一元（約新臺幣九十四元）買了包子和熱炒吃。共產黨將這件事拿來宣傳，說是人民被習主席與百姓同在的樣子感動，甚至創作出讚揚歌曲〈包子鋪〉。各個媒體也除了播放這首歌，還播放這些新聞：

「主席對我微笑揮手。」

「他站在我的後面排隊！」

「他雙手拿著餐盤，來到我和孩子旁邊。」

三〇四號室的學生因無法忍受這些尷尬的歌詞和令人難為情的新聞，因此在網路上留言諷刺習近平跟共產黨，結果被捕。據老李認識的人透露，檢察機關已經判處他三年有期徒刑了。

「我也曾送兩個孩子出國留學，所以很清楚，賺錢送孩子去美國留學，這有多不容易啊！可是在中國，即使那麼辛苦的讓孩子到國外念書，如果因為那樣被抓回來、坐過牢，公務員什麼的都當不了，什麼事也都不能做。

「李社長要打起精神來！要是一不小心被說成是間諜罪，起碼判十五年！十五年啊……嘖嘖！」

老李似乎暫時忘記了自己的處境，反而替我焦急。雖然我剛開始沒有特別感受，但見到律師後，我便相信老李的話，漸漸不安起來。

妻子匆忙找來的律師，似乎比被拘留的我更不了解情況，她搔著腦袋說：

「不管怎樣，中國警察都不願意提供任何訊息。雖然今年出現賣家透過微信來銷售商品，但大部分人就算沒有申報就開始賣東西，頂多只被判罰款。我再怎麼查過往判例，也沒有像你這樣的例子，真的很讓人鬱悶。」

現在回想起來，無論是律師還是老李，也許心裡都懷疑我跟美國政府有關。

※

我有個朋友雖然退休了，但因曾投資過我的公司而被抓過來，這點很難讓我接受，此外，刑警還不斷追問我與他的關係。

刑警問：「你們兩個人七月在韓國見面，聊了什麼？」

我說：「我七月沒去韓國。」

刑警：「這個是怎麼回事？我們都有證據。媽的！非要挨上幾拳，才肯乖乖說出來是吧？」刑警向旁邊的部屬使了眼色，讓他拿出一大堆文件給我看，上面印著我和朋友的對話內容。除此之外，似乎還有我這幾年來的微信對話和電子郵件內容。

對於共產黨來說，根本就沒有所謂私生活保護法。

「這裡！你們說要在羅州見面一起吃午餐，還裝什麼傻啊！」

我看著對話內容想了半天，最後無奈的笑了。我確實和朋友約在夏天吃午餐，只是，我們不是在韓國羅州吃飯，而是到延吉一家新開的牛骨湯店「羅州牛骨湯店」用餐。

在延吉，有很多人去韓國餐館工作過，然後回來自己開店，但是他們總是直接用自己工作過的韓國餐館的店名，例如，羅州牛骨湯、春川辣炒雞、章魚村、楊平解酒湯等。

其實，只要調查出入境記錄，就不會發生這麼丟臉的事。聽到我解釋後，他們尷尬的拿起我被沒收的護照，提出一些沒用的問題。

「延吉有那樣的店家嗎？嗯……你為什麼在那時候去日本？調查資料上還說你朋友去西班牙？」我記得當時我和家人去了日本旅行，朋友則是去西班牙的修道院。

總之，直到被起訴為止，我跟刑警的對話都是這種感覺。有一次，刑警甚至還看了我五年前的電子郵件，找到了我向美國客戶寄送某個印刷品文件的信。

「你那時候怎麼寄印刷品過去？」

「因為是很久以前的事，所以我不太記得了，不過應該是寄檔案過去。」

「檔、檔案……？所以那個檔案還是什麼東西，到底是怎麼寄的？」

「當時我還沒有開始用雲端硬碟，所以大概是信件夾帶檔案。」

「雲端？硬碟？所以說，你請那個叫雲端的人用船運還是空運寄的？」

簡單來說，那段時間簡直就是一齣鬧劇。雖然中國人本來就不太會外來語，但這些要進行間諜調查的刑警，其素質讓人無話可說。因為他們不太了解檔案的意思，因此把我透過網路發送印刷品設計文件一事，誤認為是實際透過船運或空運寄送印刷品到美國，而且似乎還懷疑在配送過程中會有聯絡人的樣子。

他們從我去美國開始，以一年為單位製作背景調查書時，有時會因為自己太累而先舉手投降。

「你在一九八五年做了什麼？」

「應該還在念高中。」

「校名？」

「叫艾森豪。」

「到底是什麼高中會取這種名字……要怎麼寫啊？」他們似乎對沒有得到想要的證據，還要根據上級指示反覆做這些事，而感到厭煩。

「EISEN……。」

「不要講英文！」

「艾草的艾，森林的森，豪邁的豪。」

對於我的回答，刑警隊長露出厭煩的表情：「算了！不用講學校，說說你在美國上學時去的教會名字吧！」

「聖布魯諾新生活韓國南浸信會教會。」

不知道是名字太長還是發音太陌生，他先是呆望，然後默默的整理一下調查書，大喊：「喂！今天就到此為止！」便匆匆帶著其他人離開。

老李說，這個看守所只有傻瓜和小嘍囉兩種人。老李當然不敢明目張膽的這樣叫他們，但是從看守所管教到警察，全都被他稱為「傻小子」，只要每次看到管教，或是提到警察時，他都會這麼說：「在外面都不會想跟他們同桌吃飯。」然後接著說：「什麼都不知道，只知道錢的傻小子！」

老李是曾去日本留學的高級公務員，在被抓之前，他開著賓士、當包租公，因此對中國警察的反感程度也和其他人不同。

老李說的小嘍囉，是指同樣是囚犯的人。「殺人犯、強盜、強姦犯、小偷、詐騙犯……那些人都是社會底層，如果可以的話，李社長盡量別跟他們說話，反正就算說也說不通。」

刑警隊長和其部屬沒有打算輕易放走我，幾天後，在調查室裡，他們把事先做好的逮捕令拿到我眼前晃了晃，對我做了不算是威脅的威脅：「如果你好好回答的話，『非法經營』這些事，我們都會睜一隻眼閉一隻眼。」

「到底要我好好回答什麼？」正如老李所說，他們要的是別的。面對我的反問，刑警隊長似乎很不高興，他馬上提高嗓門：「我本來想好好和你說，看來是不行啊！」

我因此不願意再和他對話，並要求他們叫律師過來。

「叫什麼律師啊？好啊，去叫啊！有種就把律師、美國大使統統都找來！我才不怕他們！」他一直把美國領事，稱呼為美國大使。「快點把那個美國大使叫過來啊！」

我差點忍不住想對他怒吼，但是一下子又把話吞回去，不是因為害怕刑警，而是被他戴的那塊紅色徽章的威力和重量給壓垮了，只能在心裡大叫：「喂！你這傢伙！不是大使，是領事，要說幾遍才會懂啊！你這個傻瓜！」

但值得慶幸的是，我公司的兩名職員，因沒有接到逮捕令而順利回家了。至於我，不得不接受逮捕令，回到了黴菌四處蔓延的看守所裡。

凌晨兩點，我負責站崗，在床間狹窄的走道上來回穿梭，二十五名囚犯擠在十五坪多的空間裡，我看著他們正熟睡的樣子，又想到在外面的妻子聽到我被逮捕時，有多麼焦急，心裡很不是滋味。

我看著窗戶上，因結露現象而凝結的水珠一滴一滴流下來，此時，窗戶反射出一個流著眼淚的寒酸中年男子模樣。

9

老李

今天是老李盼望已久最後的審判日。

昨晚，老李請我幫他刮掉鬍子，他說時隔一年八個月，想以乾淨整齊的樣子出現在妻子面前。

在看守所裡，囚犯都會剃成光頭，這裡還規定每個月只能剃一次頭髮，十五天剃一次鬍子，至於指甲剪，只有在負責的管教心情好時才會提供。

看守所裡只有一臺理髮器，讓數十名沒能好好洗頭髮的囚犯共用，有人因此患上毛囊炎；隔週發放一次的電鬍刀，與其說是刮鬍子，不如說是拔鬍子，像我這種鬍子粗硬的人，每次刮鬍子都忍不住掉眼淚；沒有規定什麼時候能剪手指甲，所以大部分的囚犯都是用嘴咬掉指甲。

「好痛！輕輕的幫我刮吧。」

由於距離刮鬍子的日子還有一段時間，所以我不得不用橡皮筋綁住兩個小鈕釦，做成像響板般的手工鑷子，幫老李拔鬍子直到深夜，因為鬍子拔得太多，他整個臉都紅了，但隔天早上一看，老李整個人看起來比昨晚乾淨多了。

「有沒有很多白頭髮？要是剃光頭就好了。」雖然這天是審判日，但因為能見到久違的妻子，老李從早上開始就很興奮。

老李講了很多他們的事，也不斷讀著妻子寄來的信。老李的妻子被關在女子看守所裡，那裡跟延吉看守所只隔了一堵圍牆，老李能在看守所堅持三年，全靠他妻子的信，這是他最寶貴的事物。

老李只要晚上睡不著覺，就會把那些信拿出來給我看，翻譯用漢字寫的信，然後讀給我聽，偶爾有幾張用韓文寫的信，這時老李就會請我讀給他聽，儘管老李是朝鮮族，但由於他一直就讀於漢族學校，所以韓文沒有學好。

今天的我很想哭，想把臉埋在你的胸懷中，
越過歲月，我們的愛情在眼淚中動搖，
我還要活多久，才能忘記你呢？
對無法靠近的人，只說一句話根本不夠，
只要站在你面前，我好像就會變得渺小；
站在你的身後，我溼透了眼眶。

因為愛情而必須沉默的我，是你的女人，
還有只要有回憶，你就是我的男人。

這封信的內容是韓國流行歌曲的歌詞，我猜大概是他妻子去KTV時必唱的歌曲。每次我唸給老李聽時，他都會紅著眼眶，開朗的問：「我妻子的詩寫得很好吧？」

雖然我不知道老李實際上到底犯了什麼罪，但我在來到看守所的前幾年，就曾在專門報導北韓的新聞媒體上，看過相關案件報導。案件主嫌是老李的小舅子，我從以前就聽過他的事蹟了。老李的小舅子出身於中國最高學府清華大學，中韓建交後被韓國大企業提拔為中國總負責人，之後透過中韓客輪事業賺了不少錢，在被抓之前，還投資三千萬美元（約新臺幣八億五千四百元）在北韓設立並運營中國銀行，是一位發展很好的朝鮮族企業家。

因為他的小舅子，老李的生活不差，但也因為小舅子，老李跟妻子都進了看守所。

但是我問了老李被抓來的原因，他避重就輕的說「是因為政治」。根據我之前看到的報導，我推測可能是因為北韓當年強行進行核子試驗和發射導彈，中國對其實施制裁，或者是因為老李的小舅子透過銀行運營的「北韓羅先賭場」，做非法地下匯款。不管原因如何，老李和妻子一起深入參與小舅子事業，而被抓來這裡，到現在都待在看守所，與妻子和子女們過著生離死別的生活。

中國與韓國、美國不同，**中國司法部在判刑之前，一律不允許關押人員進行會面**，不僅禁止會面，還禁止通電話和寫信，只能見律師，如果是外國人可以安排和領事會面。在這種情況下，再加上中國司法部的「慢慢來文化」，囚犯們在接受審判後，還沒進監獄，精神跟耐心就先在這裡消耗光了。

在韓國，一般來說六個月就會從看守所轉移到監獄，但是**中國**往往任意行**事**，他們**完全不遵守司法部自己制定的起訴、審判、宣判和上訴等最後期限**，讓日子一天天過去，律師們卻連一句話都不敢吭聲。

不過，像老李這樣的有錢人，有時候給點錢，就能打電話或寫個信，但是連請律師的錢都沒有的囚犯們，即使父母或子女死在外面，他們也全然不知。管教總是利用這一點向囚犯要錢，甚至有傳聞，管教在上下班時，因為要顧及別人的視線，就騎摩托車上下班，但一到假日就全部都開名車奧迪出門。

有的管教會訂好一分鐘人民幣一百元（約新臺幣四百五十元）的代價，把自己的手機借給囚犯，這個價錢比國際電話費還要貴，是我見過「地球上最貴的市內電話費」。

老李到了晚上才回來，我向略顯疲憊的老李詢問了審判結果。

「審判結果是什麼？」

「馬上就要出來了，但是無論如何，小舅子都要無條件上訴……。」

在他有氣無力的回答中，似乎包含著即使不知上訴何時才能結束，他也要堅持下去的意思。

「對了，你見到妻子了嗎？她過得還好嗎？」

「見到了，她說她過得很好。」

沒想到那天深夜，無法入睡的老李，背對著我，艱難的開口：「李先生……其實，我太太對我說……說她現在，只想去死……。」

老李大概哭了，他的肩膀抖了起來，現在的他顯得特別無力。

想到老李的妻子在比男囚室還要更狹窄、環境更髒亂的惡劣地方生活，還在無法見到子女的情況下堅持三年多，雖然也替她覺得難過，但我同時也很慶幸我的妻子不在這裡。

10

記憶的偏誤

我和老李的緣分就這樣結束了。

我好不容易稍微適應這個陌生的環境，管教卻要我打包行李去其他房間。

我問：「我沒有吵架，也沒有鬧事，為什麼要換房間？」

管教開口：「你為什麼要對年輕人說廢話？這不是我能解決的問題，總之你先去收拾行李吧！我會跟那邊的管教好好說一下。」這位管教因高層突然下達的命令而感到為難。

我說了什麼廢話？我一邊收拾行李，一邊仔細的回想，最後從管教說的「對年輕人」幾字中，我大概猜出來是怎麼一回事了。

前一天晚上，我們乖乖坐著看共產黨新聞，以被示威隊伍弄得一團糟的道路為背景，香港小商販們哽咽著說：「因為非法暴力示威，生意變得很差，快要活不下去了。」然後主持人則指責美國和英國策動此次事件。

「大叔，香港現在不是中國的土地嗎？英國和美國為什麼要干涉？」在我旁邊一起看新聞的朝鮮族成日伊，小心翼翼的問我。

現年十九歲的成日伊因盜竊罪名而被逮捕。他因母親跟韓國人再婚，而到韓國讀高中，可是他跟繼父的關係不好，所以他決定獨自回到延吉，和老朋友混在一起，如果玩到沒錢了，就偷別人的手機去賣。

「雖然香港是中國的土地，但是中國向英國收回土地時，有約定接下來的五十年都會像過去一樣，以英國的方式來治理香港。我猜可能是因為這樣吧。」我盡可能簡單的說明。

「你管好你的嘴，如果你隨便開口，那就是外交問題了！」

管教對揹著棉被搬進新囚室的我，給了沒用的建議。我萬萬沒有想到他們會因為這點小事向我找碴，此時，我突然想起之前發生的事。

在囚室兩側，有兩臺監視攝像機二十四小時啟動，一旦捕捉到囚犯做出讓他們不滿意的行動時，揚聲器就會傳出神經質女管教的聲音：「左邊第四個，把被子從臉上拿下來！」、「右邊，那兩個不要搭肩！」

老李無心的看著窗外的積雪，管教透過揚聲器再次發出了警告。

「不要盯著窗外這麼久！往後退！」

老李面無表情的遠離窗邊，悄悄對我說：「那個瘋女人，現在什麼東西都能挑剔了！李先生也要小心點，尤其是關於習近平的壞話千萬不要說……那個女人隨時在監視。」

我當時知道獄警會用攝影機監視，但怎麼也沒想過還會監聽。直到我被要求換房間，才發現老李給我的警告不是隨便說說，但為時已晚了。

※

我換房間後，公安局終於把我的案子移交給檢察院了。我後來才知道，當時公安局刑警們還專門設立了狀況室，在世界地圖上，美國、韓國、日本、西班牙等位置都畫了紅線，雖然他們為了抓捕美國間諜而興奮不已，但是無論他們怎麼仔細分析，都沒有找到證據，所以最終只能放棄，但現在又不能就這樣放手，於是就想把我編成「非法經營罪」。

但是檢察機關的想法又不一樣，從抓到我之後，他們已經向高高在上的北京公安局報告，要是就這樣不了了之的話，恐怕面子會掛不住。而且華為副董事被捕後，中央就急著想對美國報復，在這種情況下，他們似乎認為如果因為「美國間諜團案件」而聲名大噪，就是給那些北京的上司留下深刻印象的好機會。

「姓名？職業？什麼時候拿到美國公民權？」問我的人是在檢察機關內部，以嚴謹著名的朝鮮族女檢察官金妍花。

「喂！你回答我的問題就好，說是或者不是！知道了嗎？」

當我抱怨中國警察、刑警們粗暴審問方式時，律師安慰我：「因為他們沒學好才會那樣，如果移交到檢察機關會好很多。」但是這位似乎只有三十多歲的女檢察官，一見到我就動不動大吼大叫，而且她根本不理會公安部門移交的有關非法經營的調查記錄。

「為什麼會來中國？」

「二〇〇八年為什麼去了馬來西亞和新加坡？」

「二〇一二年去韓國見了誰？」

「今年有朋友從美國來吧？你們一起去長白山談了什麼？」

雖然她比公安局刑警們更加無禮，但也許是學到的東西比較多、更細心和執著，所以她重新做調查。為了回答她問的問題，我不得不努力回想那些已經模糊的記憶。

她盡了最大的努力，想要在我的起訴書裡寫上間諜罪，或者至少要寫上特務罪，直到最後一天都還在折磨我，讓我不禁懷疑自己是不是真的做了間諜行為，只是記不起來了而已。

雖然不太記得是哪一年了，我為了更新護照，必須去瀋陽的美國大使館，但當時沒有開往瀋陽的高速列車，只能搭火車前往，那次是我第一次坐四人臥鋪車廂。到了傍晚，我餓得爬下雙層床去找餐廳，但出乎我的意料的是，火車上竟然沒有餐廳車廂，到處走動的銷售員販賣的只有不冷不熱的啤酒，以及明太魚和瓜子等下酒菜。

我本來打算就這樣忍受飢餓，沒想到下面車廂的乘客向我搭話了。

「如果你還沒吃晚飯，就一起吃吧，雖然不多，但夠兩個人吃。」

這個男人穿著整潔黑色西服，看起來和我年齡差不多，雖然他說方言，但與在這裡經常接觸到的朝鮮族口音又有不同。我看到他左胸上的紅色徽章，不是畫有五星旗的中國共產黨徽章，而是北韓的金日成徽章。

他看到我在火車上四處尋找食物，就把自己的便當分成兩份，還給了我用餐巾紙包著的湯匙。

便當裡裝了水煮蛋、醬牛肉和炒鯷魚等可口菜餚，作為答謝，我買了明太魚和啤酒請他，他沒因我是美國國籍而不理我，反而和我徹夜喝酒。

「我們真的能發射核子導彈嗎？但為了不坐以待斃，也只能照辦……。」醉意漸濃的他，似乎想為他的祖國辯護：「我們要活下去……活下去還有比吃飯更重要的東西……。」

睡意朝他襲來，他的話都含在嘴裡，我聽不清楚他說什麼。

直到清晨，他才睜開眼睛，在火車到達瀋陽站前，他起床整理衣服，然後翻開一本厚重書籍。他以非常虔誠的姿態閱讀，不知道他讀的是聖經，還是北韓必讀讀物《金日成全集》。

在他下火車去北韓大使館前，他拿出名片給我，我才知道他是住在延吉的北韓貿易公司代表。

※

因為突然的拘禁，給我帶來了巨大壓力，使我的身心漸漸崩潰，再加上高血壓、糖尿病和坐在狹小的空間裡一整天，我的前列腺也出現了問題。

在看守所，我們平常只能離開房間十分鐘，週末和假日則不能離開，碰到春節長假，更要在牢房裡待上整整十天。

但最大的問題是精神方面，由於與家人分開以及連續的審訊，讓我的精神逐漸衰弱，可能是因為這樣，導致我的記憶經常發生錯亂，我已無法分清楚，與妻子的回憶究竟是真實的記憶還是夢境。

「你在美國當記者時，見過北韓人吧？」、「當時你在哪裡，見到了誰？」直到最後，金檢察官仍在催促我回答。

我好像有見過哪個北韓人，但卻記不清是在哪裡……我似乎在火車上再遇貿易部代表金社長。「不對，那是夢嗎？」我搞混了。我有時候甚至覺得，連現在這個狀況，也是只要睡一覺，醒來就會消失的一場惡夢。

11

妻子的信

那天，金檢察官一天來了兩次。這是遞出起訴書前的最後一次調查，金檢察官花了一整個上午，不斷問我在美國和中國的行蹤，但她仍然毫無收穫的回去了。大概是因為不死心，金檢察官在傍晚時又來找我了。

她從公事包裡拿出了之前寫好的調查書，在這足足有數百張的文件資料裡，有些地方用紅線劃起來，金檢察官默默的翻了這些文件，過了一會兒才開口：

「你為什麼在這個時候取得了美國國籍？」

起初我不太能理解這個問題，但我很快就猜到她問這個問題的理由，她真正想問的是：「為什麼你到美國之後，沒有馬上取得公民權，而是在開始工作後，才拿到美國國籍？」她認為這可能與我的第一份工作在電視臺一事有關，因而產生某種懷疑。

「並不是一移民就能馬上拿到公民權，我必須在取得永久居留權之後，在美國住五年以上才有申請資格，申請之後還要通過考試……。」

事實上，在中國長大的她，很難了解取得美國公民權的過程。不知道是不是因為我回答得有點無奈，讓她對自己的無知感到羞愧，所以她的臉脹紅起來。她急忙的離開位置，而我終於擺脫了她的折磨，但中國司法部沒打算放過我，等待遙遙無期的審判結果，讓我疲憊不堪。

⁂

在回到看守所的路上，我突然想起自己在美國參加公民權考試的那天，結束筆試和面試後，我為了拿到合格文件和確認宣誓日程，而在移民局休息室等待，那時，會場內的廣播響起，說要找可以幫忙翻譯韓文的人。

在休息室和我聊天的一位東歐大嬸，知道我是韓國人之後，就建議我去幫忙。在面談室裡，一位年過八旬的韓國人老爺爺和一位看起來像是他女兒的中年女子，以及一位白人考官在等著我。這位爺爺幾乎不會說英文，而和他有家族關係的女兒不能當翻譯，因此他們才需要有人協助翻譯。

「老爺爺以前有吸過毒嗎？」

「你在說什麼？我為什麼要做那種事？」他一邊擺手一邊說著，考官看著老爺爺的動作，了解意思似的點點頭。

「你以前加入過共產黨或相關的活動嗎？」

「我因為赤色分子失去父母，還為了躲避那些傢伙而變成孤單一人！」爺爺捶著自己的胸膛、用顫抖的聲音回答問題，就算時間過了這麼久，那份委屈和痛苦依然沒有消退，老爺爺忍不住流下了眼淚。

看到這個模樣，讓我的心裡很不舒服，也忘了要翻譯。而當時的我，做夢也沒想到，自己會有被共產黨抓到並接受審問的一天。

一打開沉重的鐵門，囚犯們好奇的盯著我看，新搬過來的囚室比之前的房間環境更加惡劣，也許是因為完全沒有做防水處理，每當屋頂上的積雪融化後，天花板黏滿黴菌；吃飯、睡覺時，膨脹的油漆碎片不時啪啪的往下掉。

在二十四人要使用的老式蹲廁中，老鼠隨時都會跑上來，房間臭味熏天，即使想開窗戶，但只要氣溫稍微下降，窗外就會結冰，使我們無法打開窗戶，就算硬開窗，也要忍受外面被嚴寒凍壞的化糞池所散發出的氣味。

「大叔以什麼罪起訴？」

在這種淒慘的環境下，新進來的東勛可能是因為年紀還小，想得不多，所以對所有的一切都很好奇，在我旁邊嘰嘰喳喳，甚至連睡覺時，都看起來很開心的樣子。

「現在還不知道。要等起訴書出來後才能知道……不過他們也沒有實際證據能證明我有犯罪。」

東勛的心裡似乎很失望，他似乎希望我是真正的間諜。

有一次，艾倫領事和我會面時，幫我帶了幾本我要讀的書，其中一本書裡藏有妻子的信，當然，信件不能夾帶進來，為了避開耳目（看守所連書本都要一一檢查），妻子在不同頁的書頁內側寫上小小的字。

妻子還撕下幾頁聖經，並藏在別本書的封面裡給我。我剛開始完全沒發現這件事，直到春節休假前一天，看守所旁邊軍隊的軍人們忽然衝了進來，這些人看起來才二十幾歲，穿著軍靴踐踏我們的棉被，翻開儲物箱，扔出衣物，鬧得沸沸揚揚，這就是檢方對看守所囚犯的突擊搜查。

不知是因為擔心情報洩露，還是怕管教們會放水，所以檢方動員軍隊。我們十指交叉的把手放在頭頂上，看著牆壁，以免跳姿勢蹲到他們結束搜索為止，就像成了戰爭的俘虜一樣。

軍人橫掃過的房間亂七八糟，囚犯們找到自己的內衣、襪子，並抖掉了棉被上印著的軍靴腳印。當時，我拿起被軍靴踩過、扔到地上的書，妻子藏起來的聖經掉了出來，我立刻把那幾頁聖經夾在另一本書中間，直到離開看守所的那天為止，我每天都一遍又一遍的讀著。

為了讀妻子的祕密信件，我要翻閱超過五百頁的書，並且為了不引起監視攝影機的懷疑，要記住妻子在各頁寫下的字，盡量像讀書一樣慢慢翻頁。但是有一天，被有眼力的東勛發現了，「大叔，你是間諜吧？」

雖然花一些時間讓他了解，不過他終於接受了我不是間諜的事實，而且義氣十足的答應我，絕不對管教以及房長在內的任何人提起這件事。

剛滿二十歲的東勛從初登場開始就很與眾不同。某天凌晨，管教和副所長一起帶他過來，並特別叮嚀房長要好好照顧他。

但是，因毒品受罰，面臨十年有期徒刑的朝鮮族房長，從一開始就很討厭東勛，理由是「年紀小，但父母有能力，來到這裡也能過得很舒服」。雖然直到這小傢伙出去為止，房長都不知道所謂有能力的父母是誰，但我從東勛的話中找到線索，知道他父親在做什麼。

東勛家裡經營羊肉串連鎖店，不僅在中國大城市，甚至連在韓國、美國也擁有近八十家的分店，尤其在延吉特別有名。如果東勛在看守所受到特殊待遇一事傳開來，他父母擔心會影響名聲，所以叫他說話小心點，不要洩漏身分。對囚犯來說，雖然不知道東勛是誰家的兒子，但能受到不同層次的待遇，就讓他們羨慕不已。

看守所所長不時會過來問候東勛：「有沒有什麼需要？像是想吃的東西或是要讀的書？」

第二天，管教就送來了東勛想吃的米血腸，副所長也從書店帶了新書給他。星期六本來沒有安排會面，但是他卻離開看守所半天才回來，因為那天是他的生日，所以去所長室裡吃了家裡送來的食物。「吃完飯之後，和爸爸通了電話，還抽了一根菸。」他說。

有一次，原本經常碎唸東勛的房長，在接到管教的約談後，房長的態度有了一百八十度轉變，他對東勛說：「我之前說的話都是為你好，你懂我的心意吧？」比任何人都細心照顧他。

談到中國文化時，絕對不會漏掉的就是「關係文化」，**雖然說好聽是重視人脈，但仔細觀察就會發現，這些都是腐敗、老舊的賄賂文化。**

我認為，中國不能持續共產主義體制的理由中，一部分也是因為關係文化。中國人大多愛錢，尤其是改革開放後，嘗到資本主義滋味的中國人，甚至將文化革命當時流行的〈毛澤東比父母好〉的歌詞，修改成〈錢比父母好〉。

現在這些比共產黨更喜歡錢的人，即使官方高喊著「習近平在百日內剷除腐敗」，或是以殺一儆百的方式，來抓走腐敗的高層公務員，他們也不可能輕易放棄已經延續數千年，最能輕易賺到錢的「關係」。

因為賄賂文化在中國社會中根深柢固，因此很難徹底清除。公安、看守所、監獄，甚至是法院警官們，都會在接受審判的當天，以和家人短暫會面作為誘餌，來勒索錢財。

可能是因為擔心身分跟待遇被傳開，因此東勛的家人在不久之後，就將他轉移到幾乎沒有朝鮮族的其他地區看守所。雖然他犯的本來就不是什麼大罪，但聽說他被判處了比預想中還低的刑罰，在看守所裡結束剩餘的刑期，然後被釋放。

我有一種被遺世孤立的感覺，
每天早上祈禱的時候都會哭。

在東勛離開這裡後，我依然讀著隱藏在書裡的妻子的信，想像她彎著身子，在很難好好寫字的書頁內側，一字一字寫下話語的淒慘模樣，還得擔心辛苦寫好的信能否順利傳到我手上。我越想越覺得自己虧欠妻子。

我真想在她腫著雙眼疲憊睡著的夜晚，陪在她的身邊，安慰她。

12

律師

我待的囚室裡有一個特別的東西，就是電視。雖然其他囚室也有電視，但我這間的電視不是中國產，而是韓國集團LG的產品，從畫面大、色彩鮮明這點來看，很明顯是高價品。

雖然我沒有親眼看到過程，但據說這臺價值人民幣一萬元（約新臺幣四萬五千元）的電視會出現在這裡，是因為韓國電話詐騙組織總負責人李某，覺得監獄內的電視太小、中國製電視的畫質又差，所以他塞錢給管教，讓他們更換電視。他在這間看守所被稱為傳說，而現在他被判十二年有期徒刑，正在中國某個監獄服刑。

雖然我不敢肯定這件事的真假，但當時在韓國，因為該組織而發生的電話金融詐騙受害者和損失金額，像滾雪球一樣暴增，而當時的韓國總統朴槿惠，正好訪問中國，並直接向習近平請求協助，中韓警方合作，這是第一個全組織在中國被一網打盡的案例。

當時警方向媒體發表說損失額約為四十億韓元（約新臺幣九千四百萬元），但看守所內卻傳聞，李某一夥人實際詐騙金額超過了四百億韓元（約新臺幣九億四千萬元）。話說回來，這裡本來就是充滿謊言的地方，所以不能全然相信，但無論如何，除了電視之外，李某在看守所內留下來不少痕跡。

看守所裡有很多韓國書籍，大部分是李某透過他的朝鮮族妻子，從韓國購買並運到這裡，超過數百本的漫畫、戀愛小說、武俠書籍等都是李某空運過來的。

另外，這裡的看守所囚犯，平均每天要接受超過四個小時的儒家思想和共產黨洗腦教育，但聽說當時李某撒了一堆錢給監獄長、管教，所以他從沒受過洗腦教育。在其他囚犯只能乖乖坐著不動接受教育時，他卻能悠閒躺著看漫畫，無聊時到管教辦公室抽菸，還能打國際電話，受到ＶＩＰ待遇。

就算是監視攝影機，在他的「錢」面，也閉上了眼睛，據說他在看守所裡毫無顧忌的度過一年，過得比誰都還舒服，然後進了監獄。

他在韓國和中國，到處以妻子家親戚的名義，轉移了夠他玩一輩子的錢，他還花人民幣一百五十萬元（約新臺幣六百七十萬元）雇用大律師為他辯護，這件事至今在看守所裡仍是話題，雖然李某很聰明，但他也沒能成為合法詐騙犯——中國律師的對手。

律師告訴他，要想拿到十年以下的刑期，需要花很多錢，因此向李某收取的金額比委託費還多，但結果是，李某被判十二年刑期。對此，律師只表示，「因為花錢，所以才判那麼少」。而且就算他服完十二年刑期，也會馬上被驅逐出境、返回韓國，且不能再到中國。

每當聽到他的事，我都會聯想到存了一生私房錢的奶奶、打算降低貸款利息的某個平民，以及某位擔心孩子的母親，因被騙而失去的錢財，最後流到中國人的口袋裡，心裡非常不是滋味。

※

我後來才知道，妻子也因為律師的關係，受到很多傷害。

據說在我被逮捕之後，繼中國共產黨，最折磨妻子的人就是律師。聽說那位律師不僅從來沒有理解委託人家屬的心情，反而利用這點，來滿足自己的利益。

妻子原本找的律師是新手女律師，她和警方、檢察方都沒有關係，因為得不到任何資訊，所以最初沒能掌握事態，直到警察公開我的調查記錄時，才知道有哪些資訊。最後在我朋友的極力勸說下，妻子才換了律師。

現在回想起來，雖然我不清楚她真正的能力是好是壞，也許因為她是新手所以表現不好，但不論如何，她都沒有趁火打劫，而是真心為我與我家人的不幸感到難過。

在延吉看守所裡，光是囚犯就超過七百人，而這裡只有兩個律師會面用的房間。其實最初只有一個，後來因為律師們每次都無法跟囚犯會面而不斷抗議，看守所才再開一個會面用房間。

律師們若想與委託人見面，就必須排隊領取號碼牌。

不少拿到號碼牌的律師，因擔心會面時間很快結束，而在走廊上坐立不安等著。事實上，想要說的話都沒能說出來，就得匆忙起身的情況比比皆是。

雖然看守所設置領取號碼牌機制，但要跟囚犯會面的人太多，只有在凌晨開始排隊，才有可能被安排會面。即使如此，這位新手律師還是盡可能的來找我，即便沒有帶來太多好消息，不過她每次都會帶妻子的信來讀給我聽，而且不管外面其他律師的催促，她總是幫我代筆把信寫好，並交給我的妻子。

每當艾倫領事來會面時，我總是一早被叫到某個副所長的房間。

「我們的看守所的確很老舊了，也沒有熱水，廁所也是那樣……但是我能怎麼辦？國家又沒有錢。

「美國領事來的話，你不要說廢話，就算說了也沒用，總之，只要你對領事好好說話，我就會跟房長說一聲，讓你可以站著撒尿。而且隨時都可以上大號，知道了吧！」

在看所守的囚室裡，二十四個囚犯必須共同使用狹小的廁所，因此每天只能在固定時間大號一次，還規定坐著尿尿，當然，定期向管教行賄的囚犯例外。

艾倫領事一來，我就按照副所長說的那樣，對看守所的環境一概不提，這並不是因為我想站著小便或有副所長的威脅，而是我只關心家人的情況，以及想著如何能早日離開這裡。

「你有出去運動吧？從日程表上看來，每天有兩個小時是戶外活動。」艾倫領事先問起這裡的生活，但在這裡，**日程表就和牢房牆壁上貼著的囚犯權利清單**

一樣，沒有任何用處。

這間老舊的看守所，根本沒有空間讓我們每天晒兩個小時太陽，在囚室外走廊的一頭，是一個叫「放風場」的地方。這個空間比囚室稍大一些，一邊是走廊牆壁，另一邊被看守所圍牆堵住，頭頂上方也像雞籠一樣掛著鐵窗。

在這裡，如果管教沒有特別的事情，我們每天就只能在這裡吹兩次十分鐘的風，有些囚犯會蜷縮在牆邊抽菸，而沒菸能抽的囚犯們只能排成一排，像瘋子般，在狹窄空間裡快速的來回走動。

「在戶外活動時間打打籃球和健身吧，一定要注意健康啊！」艾倫以為這裡就像戲劇或電影中出現的監獄一樣，可以運動、活動身體。如果我沒來過這裡，大概也會產生這種誤會吧。

熟人介紹的律師叫崔妍花，是一位朝鮮族女性。聽說她是資深律師，到處都有人脈，所以律師委託費自然不低，再加上我是外國人，所以她還要我們支付額外費用。雖然妻子對於對方獅子大開口感到很不甘心，但協助建築公司製作設計圖，也是我高爾夫搭檔的宋社長，表示他會支付全部費用。

「如果一開始就交給我處理，就不會被拘留了。」宋社長聽到她這麼說，便勸妻子找她幫忙。

宋社長雖然是大我超過一輪的長者，但他在中國時，和我最親近。宋社長在韓國和中國兩地都有設計事務所，他每個月在中國跟韓國各待十五天，在我被拘留的期間，只要他來中國，都會去找我妻子，還給她一筆錢，讓我妻子得以應付各種開銷。

宋社長甚至在下暴雪、車都動不了的某天找我妻小，對他們說：「加油！很快就會有好消息。」妻子說她一輩子都不會忘記，宋社長頂著白雪跑來的模樣。

※

我問崔律師：「有沒有妻子的信？」

崔律師不耐煩的回答：「信根本不重要！」

她說：「在起訴書出來之前，只要稍微動點手腳，就可以用行政處分的形式來繳納罰款。」現在回想起來，崔律師打從一開始，就打算靠賄賂來解決問題。

我反問：「我到現在一直被警察和檢察機關以間諜罪進行調查，逮捕令也是北京批准的，怎麼可能那麼輕易放我出去？」

她接著說：「不管是警察還是檢察官，都知道自己在白費力氣，但為了避免因抓錯人或亂抓人，而丟了面子，他們會編造出一些不像話的罪名，例如非法經營罪。」崔律師說，這些都不用擔心，因為吉林省政府和北京中央政府裡，都有她的熟人，負責的部長檢察官會向檢察長好好說明，之後只要把文件交上去就可以了。

但她表示需要一些油錢和自己的牽線費。自從我進入這裡以來，第一次聽到這種也許可以讓我能馬上出去的希望，也許正因如此，雖然有點難為情，但當時的我沒了判斷力和羞恥心。

崔律師隔著鐵窗把打開錄音模式的手機靠近我，她要我錄下語音訊息：「按照要求籌措資金就好」。連在外面受苦的妻子有沒有錢都不知道，我居然按照崔律師的要求，厚顏無恥的向本來就在物質與精神上給予許多幫助的宋社長，留下了這種訊息。

雖然崔律師曾承諾，如果沒能成功就會退錢，但當時的我連要求的數額是多少都不知道，只急著快點出來。

正式起訴書已經出爐了，是非法經營罪，雖然我很慶幸不是特務或者是間諜罪，但一想到判決結果跟崔律師的豪言「只要繳罰款」不同，我還是覺得很委屈和鬱悶。

崔律師狡辯，是因為錢給得太慢，所以才會變成這樣。她認為現在中美關係日益惡化，中國不可能輕易放我走，於是我請求她盡快幫忙讓我被驅逐出境。

中國法律中，有驅逐外國人的條款，他們認為如果不是不道德罪犯，且被判五年以下有期徒刑，就可以驅逐回本國。此外，我認為再怎麼強詞奪理，也不可能因非法經營罪，就判我五年以上有期徒刑，所以不管是驅逐還是什麼，首要目標是逃離這裡、逃離中國。

「聽說不久前在上海，有個新加坡船長被判七年有期徒刑之後，馬上被驅逐出境。若因非法經營而被驅逐，是不是太冤枉了？我很了解法院院長和審判長，所以還是爭取緩刑而不驅逐出境吧！李社長在這裡還有事業，應該在這裡重新開始賺錢。而且就算要驅逐，也得進行審判……。」因為我們支付的費用中，包含打贏官司的報酬，所以看到崔律師跑來說服我，我只認為這是她不想還錢的藉口而已。

之後我等了又等，直到了審判的前一天，崔律師才來找我。

「我今天早上和審判長見面打過招呼了，你只要按照我之前說的去做就可以了。」崔律師要我在法庭上陳述：我公司的嚴組長負責所有許可及銷售。她還說，不要特別否認檢察機關主張的共犯關係。

我只冷冷的回應：「今早審判長親自來看守所找過我。」

也許是謊言被戳破，她的臉漲得通紅，說話開始結巴：「審判長怎、怎麼會來、怎麼會來這裡？他有什麼事……而且還是一大早？」

審判長在那天早上與我會面，我在看守所時，從沒聽過審判長來接見囚犯，所以我只是茫然的鞠躬。審判長表示，因為中國是主權國家，所以隔天的審判會用中文進行。再加上我是美國國籍，他找來姪女當明天審判的翻譯官。

審判長接著說，由於姪女的翻譯還很生疏，所以先來這裡提前了解明天我想說的話，在開庭之前，我必須在她面前排練一遍。

但我覺得莫名其妙的是，我因為國籍關係接受這件事，但結果審判長姪女翻譯的，不是英文翻中文，而是把韓語翻成中文。

我直到和妻子再次見面，才得知審判長來訪的隱藏意圖。據妻子說，當天旁聽席從前排座位開始，有一半以上都坐滿了國家安全局、公安局和外事科的漢族，所以不用韓語，而是用中文來進行審判，審判長怕我會在高官們的注視下亂說話，所以才事先過來確認。

※

那天的審判真的很辛苦，但結束得卻太平淡了，我被銬著手銬、戴著腳鐐，如企鵝般搖搖晃晃的進入審判場，我覺得這樣的自己很丟臉，根本不敢看向坐在旁聽席上的妻子。

看著我的背影，在旁聽席上流淚的妻子雖然非常醒目，但最終我還是沒能抬頭。我對自己在那一天的反應感到很後悔。

在審判中，嚴組長淚流滿面，因為他必須和妻子與三歲的女兒分開。「賣一樣的產品，有些人被抓，有些人卻還在微信、網路上和百貨公司繼續銷售，這像話嗎？」

嚴組長覺得很委屈，因此透過自己的律師舉報了銷售同一產品的所有企業，得到的回應卻是，這些並非「有害產品」而不能受理舉報，他甚至還向逮捕我們的公安大隊報案，但得到一樣的回答。

「所有人都相信法律是平等的，但是您認為現在人民司法部的面貌，是平等而正當的嗎？」

從大學時期開始就是共產黨員的嚴組長哽咽的陳述，旁聽席上的人聽到嚴組長的家人啜泣聲後，立即鼓掌，像是在安慰他們，但這不是選秀，身為評委的審判長臉色越來越難看。

我否認了檢方主張的我和朋友之間的關係，並如實陳述我們沒有在韓國羅州一起吃飯，也不是同業關係。

等待了幾個月的審判，以午餐時間為藉口暫時休庭，等到重新開庭卻足足花了三個多個月，其中原因似乎是上級長官們在午餐時間過後，全都回去了。

在回看守所的護送車上，朋友雙眼看著前排護送警官，小聲的對我說：「我應該會被判無罪，李社長也加油吧。」

不知是不是從律師那裡聽到什麼，他說完這句後，帶著比先前更加明朗的表情，緊緊的握住我的手。

嚴組長獨自坐在一旁，似乎還沒有擺脫剛才激動的心情，他的眼睛仍布滿血絲。我對他比了大拇指，示意他做得好，並招手叫他坐過來一點。

「你很快就會以緩刑被放出去了，不要太擔心！」我輕拍嚴組長的背，他又開始哽咽了。

「社長，看守所的生活不累嗎？你不想念孩子嗎？」

「怎麼可能不想呢？但是現在都快結束了。」

「我想念孩子，也很擔心妻子和母親。社長……真的很對不起……。」

嚴組長對我很抱歉，因為是他對我說過這個產品可以在中國販售，但在審判中，他卻說自己只是公司職員，而且一切都是我指示的。但是我覺得沒什麼關係，反正這次的案件，從一開始就是為了抓住「美國人」的我，而製造出來的案件，因此應該感到抱歉的人反而是我。

但值得慶幸的是，除了我之外，所有捲入該事件的人，不是從監獄離開，而是從看守所獲釋。

崔律師在一星期之後來找我了，大概是因為自己和審判長的關係其實不夠深厚，被我揭穿而感到羞愧，她率先發怒了。

「哪有這種沒頭沒尾的結束審判的方式啊！還接受了處於保釋狀態的被告的陳述……要是互相在外面套好話怎麼辦？這是違法！」

崔律師沒向審判長說，而是向我提出了強烈抗議，她還向我訴苦，說自己本來月底要去英國參加研修一個月，但因為審判還沒有結束，所以全部取消，機票甚至不能退款。言下之意，就是希望能得到賠償。

崔律師的態度讓我無話可說，如果跟審判長關係好，怎麼都沒從他那裡得到相關消息?而且，因為她根本不會說英語，所以崔律師每次都打電話給妻子，要我妻子聯繫艾倫領事向檢方施加壓力，因此，她說要去英國進修這件事令我十分詫異。

但不管怎樣，我在第二次審判之後，就再也沒見過崔律師了，雖然看守所因新冠肺炎，而禁止所有的會面，但仍可以透過視訊會面時，她也沒有來找我，甚至在兩次的宣判公審中，其他律師都露面了，唯獨她最後也沒有出現。我想其由大概是因為錢。

她所有承諾都以失敗告終，所以妻子要求她退還打贏官司的報酬，但崔律師一拖再拖，直到妻子去美國，且恰巧碰到航線因新冠肺炎而受阻，她才強硬的表示，如果妻子親自去找她，就願意退錢，這讓辛苦的妻子更加疲憊。

我在看守所度過兩次生日，每次生日時，崔管教都會叫我到他的辦公室。

「你有什麼特別想吃的料理嗎？你應該不太吃中國菜吧？」

妻子因為我的生日，拜託崔律師向管教行賄。「嗯，要是能和房裡的人一起吃的話，就更好了。」

「沒問題。」崔官教像往常一樣，比了OK手勢。

這兩次生日，我只收到一袋黑色塑膠袋，裡面裝有約二十個像是在看守所前販賣，拇指大小的便宜巧克力，還有仿韓國製的迦納（Ghana）、美國產的德芙（Dove）、比利時產的歌帝梵（GODIVA）等各種山寨巧克力。我拿著這一袋巧克力，與渴望甜食的室友分享。

等我出獄後，才聽說妻子在我生日時，拜託崔律師拿人民幣一千元給我，但我完全不知道這回事。我很好奇這些錢大部分是進了崔管教的口袋，還是進了崔律師的口袋。

13

電話詐騙

囚犯永峰向金教授提出荒謬的問題：「學了大提琴，就能像吉他一樣自彈自唱嗎？」一旁的囚犯載勛跟著問：「大提琴只要學一個月就好嗎？是不是比吉他還貴？」

金教授原本在這裡的大學教音樂，曾是共產黨藝術團的大提琴演奏家，他在購買毒品時，受到販賣者的委託，在中國運送二十五克俗稱「冰」的冰毒，後來在火車上被發現並被抓回來。如果不是單純的吸食者，而是以運毒被起訴的話，可以被判處七年以上的有期徒刑。

聽著兩人的疑問，金教授則表示：「嘖嘖！無知不分國籍。」

正如金教授所說，永峰是中國朝鮮族，載勛是韓國人，他們的共同點除了無知，還有都是因電話詐騙而被抓進來。雖然在同一個領域工作，但跟擁有十年經驗的老手永峰不同，載勛是在路口看到廣告「保障月收入五百到九百元」後，就跑來中國，連錢都沒賺到就被抓的小咖中的小咖。

「這些混帳傢伙！之前跟我們敲詐，現在還裝什麼正義啊！」永峰生氣的對警察說著。

永峰似乎是電話詐騙組織的中階主管，除了他之外，當時還有二十多名組織成員也被逮捕。

他待的組織，是一個規模頗大的詐騙集團，裡面有五個韓國人，除了在瀋陽和延吉兩地設立據點，還找了某韓國詐騙老手扮檢察官跟銀行業務。

該組織非法雇用了被國際刑警組織發布紅色通緝令[19]，卻長期沒被抓到的韓國人，賺著普通人無法想像的數字。因永峰與中國警察有緊密的聯繫，他會定期上繳金錢，即使被捕，只要每人給人民幣五萬元（約新臺幣二十二．五萬元），便能在接受簡單的調查後，就被放出來了。

據說，如果韓國警方要求協助調查，中國公安部會提前向永峰密告；如果被

19 紅色通緝令是國際刑警組織要求成員國，協助偵查犯罪時發放的七種要犯通報之一，因通報左上角的國際刑警徽為紅色而得名，屬最高級別的緊急快速通報，其餘六種分別為藍色、綠色、黃色、黑色、橙色和紫色。紅色通緝令有效期為五年，可續期，直至緝拿歸案為止。

通緝的韓國職員惹事，警察還會幫忙處理善後事宜，甚至讓他躲到別的地方。

永峰在六個月前，曾因同業組織舉報而被警察抓過，據說警察們來到工作室時，永峰早就知道不會有什麼問題，所以很鎮靜，但一名新加入成員卻驚慌失措的跳下窗戶，結果腿部骨折，連救護車也出動了。圍觀者蜂擁而至，不停拍照，導致原本只想收錢安靜離開的警察，頓時變得非常尷尬。

「你這蠢貨，沒什麼大不了的事，你發什麼瘋，幹嘛跳下去？」

因為大家的目光，不得不被逮捕到派出所的永峰和組織成員，共支付了人民幣四十萬元（約新臺幣一百八十萬元）之後，立即被釋放並重新開始工作。對於住在這裡最昂貴的大樓、只開著賓利（Bentley）等高級車的組織老大來說，塞這些錢給警察並不可惜。

「最近很累吧，銀行方面的限制規定也變多了，新聞上又吵得沸沸揚揚，人們也不容易上當……以前一個月至少能賺五億元到十億韓元（約新臺幣一千一百七十三萬元至兩千三百四十七萬元），但最近連三億韓元（約新臺幣七百零四萬元）都很難。」

話雖如此，中階主管級的永峰仍開著BMW，還給大學生女友在市中心開了一家寵物店。

從永峰的角度來看，他覺得自己被收錢的警察背叛，但警察認為，這次韓國警方與更高層的警方進行合作調查，他們也沒有別的辦法。

永峰最近好像在思考，該相信一起被抓來的大哥拚到底，還是另找出路。如果父親能花錢賄賂檢察機關和法院，那麼自己關兩年左右就出獄；如果不能如願，至少要坐七年的牢。

「我在北京有一個好朋友說，只要『立功』，就能出去……。」

這裡說的立功，其實就是認罪協商（plea bargain），是以向檢察機關告知其他犯罪事實作為代價，來降低自己的刑量，韓國沒有這種制度。雖然永峰想過出賣某朋友的組織來降低刑量，但中國檢察機關經常把罪犯透漏的消息，當成自己的功勞，所以罪犯不一定能順利降低刑量。一想到這裡，永峰便很猶豫到底要不要這麼做。

「孬什麼啊？就去做啊！」載勛聽到永峰的話，馬上開始挑釁。

「你這個蠢小子！」火氣一上來的永峰猛然站起，抓住載勛的衣領。

周圍的囚犯們瞬間衝上去勸阻，如果囚犯之間發生爭執，其他人會連帶受到懲罰，所以不能在旁邊冷冷圍觀，幾個人為了遮住監視攝影機畫面，在前面蹦蹦跳跳，一時鬧得沸沸揚揚。

※

「大叔！我真的很冤枉。」

載勛說他剛到中國，就被所屬的電話詐騙組織沒收護照，因為碰到這種事，再加上逐漸厭惡這些行為，所以他不想做下去，打算找其他方法回韓國，沒想到卻被毆打一頓。

「簡單來說，這些傢伙都不是人！大叔知道聊天詐騙嗎？就是用手機假成女人，然後拍下男人的變態行為，之後再用影片來威脅男人。

「我待的組織抓到一個四十多歲的男人，威脅他給錢，否則傳影片給他家人。一百萬、兩百萬、三百萬……後來這位大叔哭說沒有錢了，但頭目竟說：『既然這小子給不了錢，直接公開影片吧！』這哪是人該做的事啊？把錢拿走就算了，還不放過人家。簡直就是一群強盜！」

我不知道載勛是否真的因這樣的理由辭職，還是因為在「業績制」的詐騙工作中，沒能賺到自己想要的錢，總之他一直吵著要回家，結果被頭目揍了一頓。但當上頭給他人民幣一萬元，並叫他再多待一陣子，他便馬上收下了。

「我來這裡之前，在東南亞的運動彩券行工作過，相比之下，那裡的人根本就是正人君子。店家只是販售彩券給想賭博的傢伙，不會像詐騙組織這樣威脅、欺騙別人！而且組織裡的人不只詐騙，頭目的老婆甚至勒索殘障人士兩千萬韓元（約新臺幣四十七萬元），還拿出來炫耀。」

載勛說的，是在「假賣春」詐騙中發生的事情。這種詐騙手法非常簡單，他們會上傳賣淫廣告，引誘男客上門，但詐騙集團收到錢後，並不會真的送女人過去給那些男人。

雖然賣淫是雙罰罪，但罰款金額並不大，所以即使被詐騙，男性也不會輕易報警，詐騙集團就利用這一點來進行網絡詐騙。

有一次，有個智力不足的人落入陷阱，到了隔天還在通訊軟體上，天真的問：「妳為什麼沒有來？」詐騙集團卻以沒計程車費、看醫生，或者是沒錢買衛生棉等藉口繼續敲詐他，後來頭目老婆甚至親自打電話，把那個殘疾人士的錢全部榨乾了。

永峰聽到這件事，馬上插嘴：「我們不會做那種事，不會誰都騙，尤其不騙朝鮮族。」

載勛生氣的回應：「才怪！你們這些延邊乞丐！」

永峰和載勛兩人又開始吵起來，看著他們用方言互罵，我忽然覺得韓國人和中國朝鮮族，很難好好相處。

14

越過死亡線

崔管教管理兩間囚室。看守所的囚犯與監獄不同，動不動就打架，崔管教每次都會把打架的囚犯分到不同囚室，有可能只是讓他們分開個一、兩天，如果打架囚犯們的關係真的很糟，就不會讓他們回到原本的房間。

某天，囚犯金勳因打架而來到我們房間。當鐵門打開，他進入房間的那一刻，我們房間的氣氛瞬間凝結，沒人敢吭聲。

這裡的囚犯都必須穿著印有「延看」字樣的看守所背心，一般囚犯穿的是藍色背心，病患穿的是綠色，若是犯下故意殺人罪的囚犯，則要穿上黃色背心。

金勳是因殺害兩人而被抓進來的脫北者，一看到他身上的黃色背心，就讓其他人有所警戒，此外，讓我們更加心煩的是他戴的枷鎖。和我受審時戴的枷鎖完全不同，金勳身上的枷鎖，是很原始的刑罰工具，上面沒有鑰匙孔，若要解開，必須用大鎚把它打碎。

當他挪動腳步時，鐵鍊都會發出喀噔喀噔的拖行聲，這讓我想起很久以前看的電影《越過死亡線》（*Dead Man Walking*）。

金勳跟西恩·潘（Sean Penn）飾演的主角一樣是死刑犯，而他身上的枷鎖，就是將死之人的標誌。

這位脫北者進入中國國境附近的農家偷竊，還殺害農家主人夫婦。吉林省高等法院因此被他死刑。在中國，被判死刑的人不太可能被改判成其他刑罰，而且執行時間也不會拖得太長。

據說，在我被收押之前，老李那間囚室就有囚犯被執行了死刑。

「那天凌晨他弟弟來了，他找我和幾個關係不錯的囚犯一起吃了斷頭飯。」中國在執行死刑當天，會提供斷頭飯給死刑犯。所謂的斷頭飯，是死刑犯在這個世界上吃的最後一頓飯，所以獄方會準備比較好的食物給囚犯，希望在執行死刑後，他能去好地方。

找老李一起吃最後一頓飯的人，是從事件發生時，就在當地引起一片譁然的殺人犯羅基峰。

他的再婚妻子從韓國回來後，便對他置之不理，還一直和在韓國遇到的男人聯繫。羅基峰在盛怒之下，殺了妻子，還將屍體切碎倒進鍋裡煮過，接著將煮熟的屍塊倒進水溝裡。在這個過程中，他也殺害了二十歲繼女，但警方始終沒有找到她的屍體。

儘管當時警方表示是透過科學調查，將犯人逮捕歸案，但羅基峰卻說是自己自首的。但不知為何，他直到死為止，都對繼女的屍體緘口不語。

當天，他吃完斷頭飯，登上死亡之車——死刑執行車[20]，透過藥物結束生命，並立即被送往離看守所路程不到三十分鐘的火葬場。

中國是目前還執行死刑的國家之一，雖然我不是很清楚具體情況，但根據推測，應該是執行最多死刑的國家。

從以前開始，中國共產黨就以法輪功囚犯為對象，執行注射死刑，然後摘除他們的臟器。因此周遭的人都對注射死刑投以懷疑眼光。國際人權團體主張，從現有的槍決改為用注射藥物，能更迅速且方便摘除囚犯的臟器，也可以防止因槍決而引起的臟器損傷等，是一種非常有效的方法。

但中國許多官員，正透過這種方法獲得利益。

實際上，中國每年有超過一萬兩千人等著腎臟移植手術，但據說不到五百人接受器官捐贈而執行手術，這也間接證實了這種主張。

比起還有弟弟來探視的羅基峰，脫北者金勳就真的什麼都沒有了。在中國司法部不斷要求確認身分的情況下，他的祖國北韓卻以「我們國家沒有那樣的人」來迴避問題，因此金勳的判決花了足足五年，在這段時間裡，他一直被關在這個看守所。

看守所的所有男性囚犯幾乎都是光頭，金勳卻有一頭長髮。由於金勳的頭跟臉因燒傷而有難看的疤痕，他通常會用頭髮遮住，但是因為洗得不乾淨，所以頭髮黏膩，味道也很可怕。醜陋的模樣跟氣味是其他囚犯迴避他的另一個原因。

因為沒錢，他差點買不起看守所賣的香皂或洗髮精，看守所和監獄一樣把囚犯當肥羊，販賣的物品都很貴，而且大部分都是山寨產品。他們公然販售貼有假

20 執行死刑時，死囚會先在當地監獄接受鎮靜劑注射，然後被運上死刑車，再由法醫注射藥物結束死囚的性命。中國司法官認為，這種方式比槍決更人道，也可減少死刑犯的痛苦。但曾有死刑車司機爆料，很多死刑犯在注射藥物後，在抽搐、還沒死亡的情況下被火化。

的韓國國家標準認證標章的有機肥皂；路邊攤賣的盜版斐樂（FILA）襪子，每兩雙只要人民幣十元（約新臺幣四十五元），在這裡每雙卻賣人民幣九元（約新臺幣四十元）。

雖說中國是山寨國，但屬於中國司法部的看守所，也賣著盜版貨，實在太誇張了。因為製作假酒而被捕的囚犯，卻在看守所買山寨襪子穿的模樣，讓我覺得相當諷刺。

話說回來，我一直很納悶，金勳的手指因燒傷幾乎都黏住，不能正常握拳，也沒辦法伸展，他如何用那雙手來殺害兩個人？我也很好奇，他在雙手無法順暢活動跟銬住腳鐐的情況下，還有辦法打架嗎？雖然不了解具體情況，但不禁讓人懷疑他被分到其他房間的真正原因。

王大叔帶金勳來跟我打招呼，他說在來我房間之前，他跟金勳在同一個房間一起生活了六個月。

「畢竟是說著同樣語言的同胞，應該打個招呼。」

身為朝僑（按：生活在北韓的中國人）的脫北者仲介人王大叔，用流利的韓語為我們互相介紹。金勳在我這邊只待兩天就回去了，出房間前他問我：「請問，你有已經看完的書嗎？」

在他突如其來的請求之下，我趕緊挑幾本書給他，他伸出僵硬的雙手，接下書後離開。

王大叔說：「可能是因為在這裡待太久了，他的精神有點恍惚，偶爾會說莫名其妙的話，像是『我不是金勳，是人民軍少佐』……而且他個性很彆扭，所以也沒從別人那裡得到什麼，天天跟人家吵架，雖然在看守所待的時間最長，卻不怎麼談到自己，所以其他人也不知道他是怎麼被抓到的。

「他是個可憐的傢伙，想想看，沒有一毛錢卻在這裡撐了五年，有多麼可怕和辛苦啊……雖然不該說這種話，但對他來說，早點死掉或許還好一點。」

大概是因為王大叔到二十歲前，一直在北韓清津生活，因此在談話中，總是會流露出對北韓人的愛與憐憫之情。

據說，在行軍時期，北韓人民會偷走工廠裡的電池和地鐵電線，北韓共產黨為了殺一儆百，每星期都會在集市舉行公開處決儀式，看到這個情況，王大叔立刻收拾行李離開北韓。

他在中國邊境城市和龍遇見朝鮮族妻子，並在那裡落地生根，他本來協助走私北韓親朋好友所需物品，從幾年前開始就做起脫北仲介的工作。

王大叔的任務，是將越境的脫北者送到遼寧瀋陽，這群仲介人彼此分工，一旦北韓方面的仲介人越過國境線，王大叔就會去瀋陽接應，而其他仲介人會分別到山東省青島、雲南省昆明接應，最後仲介人會帶著脫北者穿過叢林越過國境，到泰國或緬甸的韓國大使館，完成總計一萬公里的脫北路線。

聽說，每位脫北者需要花約兩萬美元（約新臺幣五十七萬元），這筆費用是先由在南方的家人或親戚支付，之後抵達韓國後，再用政府支付的定居金或補償金慢慢償還。

王大叔原本靠仲介工作維生，但從二〇一九年開始，中國警察突然加強搜查脫北者，甚至有傳聞，北韓向中國警察承諾，每找到一名脫北者，就給獎金人民幣兩千元，王大叔因此暫停工作。

後來，他接到一通電話，一位成功脫北的女性拜託他，一定要把留在北韓的年邁母親和妹妹送到瀋陽，在她的請求下，王大叔決定開車到長白縣接應他們，沒想到卻被中國警察逮捕了。

「我在這裡待幾年出去就算了，但問題是那對母女，中國警察怎麼可能放過她們？」

中國不可能遵守國際上的「禁止遣返原則」[21]，因此母女倆結束調查後，立即被移交給了北韓。

當時，老母親腰間掛著裝有白色粉末的瓶子，那是去世不久的丈夫骨灰，她因不想把丈夫留在沒有親人的北韓，所以把骨灰帶在身。中國警察以為那是毒品，因此粗暴的搶走瓶子，結果過程中不小心摔破瓶子，骨灰就這樣散落在寒冷

21 如有充分理由相信任何人在另一國家，將有遭受酷刑之危險，任何締約國不得將該人驅逐、遣返或引渡至該國。

又陌生的異國山谷裡。

也許是回憶起當時的事情，王大叔忍不住嘆氣。

在金勳離開我這間囚室的晚上，我夢到電視上播放著《越過死亡線》片尾曲，但畫面上不是主角，而是金勳，讓我一時驚慌失措。

15

預言家的末日

我在放風場跑步時，有人向我搭話：「你知道『真善忍』嗎？」

我只知道真善美，沒聽過真善忍是什麼東西。不久前來到我們房間的朝鮮族李萬吉的一番話，讓我陷入短暫的混亂。

他癟嘴、有著如外星人般的長長額頭，總是笑著到處走動，看起來像韓國河回村特有的傳統面具一樣。他的智能稍差，在視聽教育課上，只要提到儒教孝道、愛等有關父母的話題，他就會流著鼻涕大哭，然後過了一下子，又像什麼事都沒發生過一樣的笑著。

萬吉有很多地方都受到其他囚犯的指責，偏偏他還是法輪功信徒[22]，這也是為什麼他會被抓進來。

共產黨的洗腦教育的確很可怕，這裡的囚犯們都嘲笑和指責著法輪功信徒萬吉，年過五十的他成了晚輩們的笑柄，動不動被他們踢屁股。即使是重視輩分的朝鮮族，也以「讓朝鮮族丟臉」為由遠離他。

所謂的真善忍，是指以真實、善良、忍耐為核心思想的身心修練法，中國共產黨會那麼討厭法輪功，就是因為信徒透過真善忍，來修養人格和鍛鍊身體。

其實**法輪功並不是從一開始就受到共產黨的憎惡和鎮壓**，相反的，一開始為了增進人民的文化生活，**政府曾支持過法輪功**。創始人李洪志也因為對國民健康有所貢獻，而多次受到表揚，但問題是他們變得太受歡迎了。

隨著樂活[23]在中國逐漸成為潮流，法輪功修練者突破一億人之後，當時只擁有八千萬黨員的共產黨感到備受威脅，於是將法輪功印上邪教組織的烙印，並開始打壓。

中國打壓法輪功的方式非常殘忍，他們用一百多種拷問方法迫使信徒放棄修

22 在時任中共中央總書記江澤民領導下，中國共產黨在一九九九年稱法輪功是邪教，開始禁止並鎮壓法輪功，並抹黑法輪功藐視政令，傷風敗俗，從事斂財、騙色、恐嚇等非法活動，還勾結外國勢力。共產黨透過政治宣傳、監禁、強制思想改造等手段，來「滅絕、根除」其信徒。直至今日仍持續迫害。

國際觀察家嘗試從多個角度，來解釋中國政府鎮壓法輪功的原因，包括法輪功的流行、獨立於政府（組織控制）且拒絕聽共產黨的話、其道德和精神內涵與無神論的馬克思主義不相容等。所以共產黨藉由摧毀法輪功，來維護自己的先進地位。

23 以健康及可持續發展的型態過生活。

練，堅持到最後還不放棄的人，甚至還活生生的被他們摘除臟器而死。這種迫害和鎮壓持續了二十多年，到目前為止，除了中國共產黨以外，沒有人知道有多少人失蹤和死亡。

在中國，除非使用VPN[24]，否則根本無法連接Google、YouTube、Facebook和其他社群網站，共產黨就這樣透過網路限制，徹底隱藏法輪功事件的真相。

「在這個房間裡，你最把我當人看待……。」萬吉一邊說，一邊對我露出親切的笑容。

「李社長，你知道諾斯特拉達穆斯嗎？他曾預言一九九九年會世界末日。」

「我知道，而且這個預言落空了。」

「不，一九九九年七月，正是江澤民開始鎮壓我們的時候。」對萬吉來說，諾斯特拉達穆斯的預言，「一九九九年，恐怖大王降臨」，指的就是江澤民。

萬吉剛到這裡時，在放風場到處走來走去，還不停的自言自語：「在被抓之前，我夢見這裡，圍牆和牆外的白楊樹……和我夢裡一模一樣。」

現在回想起來，萬吉有著與眾不同的能力，一種類似預知的能力。

後來，萬吉還跟我說，他在夢裡看到長白山（白頭山）的火山爆發，城市變成一片灰燼，揚子江（長江）的水沸騰氾濫，人們都快死了。「這一定是中國滅亡的夢，現在中國共產黨也所剩無幾，他們的時代就要結束了。」萬吉一臉神祕的「自我解夢」。

到了隔天，新聞報導了新冠肺炎的情勢。

「你看，我的夢沒有錯吧？」看著日益增加的死亡人數，萬吉非常興奮，但是與他夢想的不同，在全世界傳播病菌的中國共產黨，做好了防疫工作，死亡人數逐漸減少，而美國每天有數千人因感染死亡

有一天，萬吉找我幫忙解夢，他夢到自己掉牙齒流血。我從某處聽說過，這是暗示父母會發生不好的事。但因萬吉的父親年過八十，而且是中風患者，所以我沒辦法把解夢內容，告訴每次吃飯時都因擔心父親而流淚的他。

萬吉原本在麵條工廠上班，是獨自照顧行動不便父親的孝子。他和妻子離婚

24 虛擬專用網路，可以保護使用者的資訊不受駭客、網路服務供應商和其他第三方的影響。

一段時間了，母親因癌症在兩年前去世，雖然有一個二十歲的兒子，但兒子以父親的精神不健全為由，聽說已經很久沒有回家了。

萬吉是法輪功傳道者，他的傳道法是把法輪功傳道紙綁在小石頭上，然後在凌晨時掛在公園的樹上。萬吉認為，等哪天小石頭掉在遊客們面前，他們便會打開傳道紙，且深受感觸而加入法輪功。

真是符合萬吉形象的傳道法。雖然我不知道他用那個方法吸引多少信徒，但萬吉被工廠同事告發這件事，於是被抓進來了。

萬吉因總是做類似的夢，再加上無法得知父親是否平安而感到焦慮。

「誰會替我爸爸做飯呢？」

「警察應該有聯絡我姐姐吧？」

「為什麼姐姐不寄錢給我呢？」

萬吉有很多疑問，但是沒有錢又沒有律師的他，無法聯繫上父親跟姐姐，他偶爾會把臉貼在鐵欄上找崔管教幫忙，但總是得到一樣的答覆：「管教怎麼能聯繫囚犯家屬，你想害我被拔官啊？」

※

萬吉在小時候生了一場病，讓他掉光牙齒，變成癟嘴，只能裝上假牙。他得到房長的許可，可以每晚在廁所清洗假牙。沒想到某天晚上，他手滑，不小心讓下排假牙掉進馬桶裡。萬吉哭喪著臉找我求救：「怎麼辦……李社長幫幫我！」

看守所裡的廁所空間不大，你能想像無論洗臉、洗澡、洗碗還是洗衣服，都站在馬桶上的生活嗎？這裡就是這樣，我也曾因沒拿好，讓肥皂或牙刷掉進馬桶裡。馬桶有個通道連到外面的化糞池，如果不想把讓掉落物沖到外面，就要趕快撈出來。

萬吉的假牙卡在生鏽通道上，萬吉為了找回重要的假牙，將胳膊塞進通道裡試圖撈回假牙，但徒勞無功。再加上通道太窄，讓萬吉的胳膊被刮得到處是傷，鮮血淋漓。

雖然萬吉在囚房被孤立，但他現在這個樣子，也讓其他囚犯覺得他很可憐，於是紛紛來幫忙，最後實在沒辦法，才找了崔管教。

「這要用什麼工具才能拿出來啊？」崔管教從外面撿了樹枝進來，一邊用手電筒照著，一邊用樹枝勾卡在通道上的假牙。

「呃，這該怎麼辦？」崔管教驚慌失措起來。不知怎麼搞的，假牙忽然就「咻」的一聲，順著通道沖進化糞池裡。看著這一切的萬吉，知道再也拿不到自己的假牙，就哭了起來。

「我會請做假牙的牙醫過來。你別哭了，好嗎？」雖然崔管教努力的安慰哭泣的萬吉，但除了萬吉，我跟囚室裡的其他人都不相信崔管教的話。

我離開看守所時，萬吉仍相信那個約定。「醫生因為新冠肺炎進不來看守所，不過下週開始，看守所恢復會面，我的假牙也快來了，哈哈哈！」

少了假牙的日子，萬吉吃東西時只能用吞的，我問他累不累，他只露出笑容來作為回答。

此後我再也沒有聽說過萬吉的假牙，但我聽說萬吉為了立功，而舉報了八名信徒。「我不是因為刑警威脅要摘除臟器，感到害怕才這樣，是因為他們說會放我出去。雖然對其他信徒很抱歉，但如果我不能快點出去的話，我爸爸一個人待在外面會死的。」

即便如此，他最終仍然沒能被釋放。是擾亂社會秩序、威脅國家安全，還是企圖顛覆社會主義體制？總之，萬吉頂著那種模糊不清的罪名，仍被關在看守所裡。而他的模樣至今依然讓我記憶猶新。

16

再見了，延吉

透過視訊，我在第二次公審得到了判決：判處兩年有期徒刑，實刑（按：中國法律實刑就是要入獄坐牢）。

我對這個結果感到意外，因為如果是經濟犯初犯，被判處三年以下時，大部分的人會被判緩刑，但是裁判部破例判處我實刑。也就是說，我在判決後，不會馬上被驅逐出境，而要在中國服完刑，才會被驅逐出境。

「這太過分了！光真那傢伙被判緩刑而被放出去了，憑什麼叔叔會被判實刑？叔叔一定要上訴！」因為同為韓國人，載勛對我的宣判結果，當成自己的事情來發火。

載勛口中的光真，不久前還待在看守所，後來因緩刑而被釋放。光真曾幫這裡的公安局局長開車，因此跟局長認識。

據說，光真的朋友因涉嫌詐騙而被捕，朋友家人拿了人民幣五十萬元（約新臺幣兩百二十四萬元）給光真，拜託他能靠關係，讓朋友無罪釋放。雖然光真表示，那筆錢有一半都給了公安局的高層人士，但似乎在某個環節出問題。所以朋友獲釋後沒多久，又被被拘禁並被判處三年徒刑。

朋友家人因此以詐欺嫌疑舉報了光真，他才被抓到了這裡。

總之，光真被帶到看守所後，馬上動用關係，讓原本從逮捕到判決平均需要一年多的過程，在短短三個月內結束，以詐欺罪被起訴的光真，以賠償朋友家人的損失為條件，被判處三年有期徒刑，緩期四年執行，立即成為自由之身。

我以為在看守所囚犯們看到這樣事，會覺得很火大，但是和我預想的不同，大家都已經麻木了，不知道是因為他們早就習慣關係文化，還是因為不敢向共產黨提出抗議。

※

威奇原是漢族計程車司機，和我差不多時間被關進來。

他之所以被關進來，是因為他和幾個同事罷工抗議，這裡的領導（按：通常指自己侍奉的人或政府組織的最高位者）將計程車使用的LPG（液化天然氣）專賣權交給親戚，而且開出的價格，比其他附近城市還高。

威奇的行為讓領導很不爽，於是領導動用關係抓他，可是，對威奇不利的，只有在聊天室裡，對說好一起罷工卻沒罷工的司機罵髒話而已，很難扣上嚴重罪名，檢察機關似乎也覺得很為難。

威奇在看守所待了將近一年，就在某天，檢察機關忽然找上門，只要他在審判中承認有罪，就馬上讓他與家人通話，而且只判一年有期徒刑。為了跟家人聯繫，威奇接受這份「交易」。隔天，法庭真的判處他一年有期徒刑，威奇在看守所度過了自己剩下的七天刑期，最後被釋放。

就算是無辜的嫌疑人，也要先消耗他們的精力，讓他們疲憊，然後按照自己的意思定罪。這種方法只有共產黨、警察、檢察官以及法院團結一致，才有可能實現。

我無視載勛的勸告，沒有提出上訴，因為上訴並不能消除我的委屈，只會讓所有被釋放的「共犯」（我公司職員們），重新跑幾趟法院，徒增麻煩而已。另外，由於新冠肺炎的緣故，監獄不接新的囚犯，我認為自己可以在看守所結束剩下的刑期。然而，事情發展卻不如我的預想。

看守所內有一個叫「判決號」的囚室，一般來說，已經被判刑入獄的囚犯，會在那個房間等待兩、三個月後，再去監獄。但是，我沒進去判決號，而是在判決出來後的二十天，每天體溫檢查，確定結果呈陰性後，立即被移監到監獄。

我不知道為什麼要這麼匆忙的把我送進監獄，也許是因為看守所這裡不能進行外國人驅逐程序，所以才會盡快把我送到可以進行程序的長春鐵北監獄。如果不是這個理由，也許就如載勛所說的，共產黨想整美國傢伙……。

我雖然只有一個蘋果紙箱大的行李，裡面卻是我珍藏了一年多的東西，包含妻子第一次寄給我穿的兩件內衣。我一想起妻子，就想到當時我突然被捕，她多驚訝、害怕跟孤獨，眼淚就流了下來。

載勛問：「叔叔，你在哭嗎？」

我含淚回應：「你說誰哭了？說起來，你有需要什麼東西嗎？要不要我讀過的書？」

他說：「不用了，我來這裡讀的『電話詐騙臺詞』，就是我一輩子唯一讀過的文章了。」

他還真是個直率的傢伙，我準備了可用的衣服和襪子，然後用我的勞作金點了看守所裡最貴的小菜——東坡肉。

載勛年輕且食慾旺盛，卻因沒有錢，所以總是餓著肚子，我會拿我買的小菜和他一起吃，如果看守所裡給他的飯不夠，我也會把我的飯分給他吃。

「叔叔出去後要做什麼？」

「現在年紀大了，很難找到工作，我應該會找一個安靜的地方寫文章吧？」我不加思索的回答。

「那就去我的故鄉找我爸爸吧！叔叔只要去巴士站售票處，說要找計程車司機金勇倍，大家都知道他。要是叔叔說你在這裡買小菜請我吃，我爸一定會請你吃韓牛！在我家鄉，根本看不上這些小狗崽子吃的豬肉！」

一聽到「小狗崽子」，永峰翻了白眼，馬上插話：「臭小子！韓國有多少個巴士站售票處？你要讓叔叔找你爸爸找到什麼時候？」

「我們村裡只有一個巴士站售票處……。」

面對載勛的回答，永峰頓時無話可說，但他很快的罵道：「居然只有一個，你這個韓國土包子住的地方太鄉下了吧！」

在我一邊整理書籍，一邊聽載勛跟永峰吵鬧時，李管教找我過去。

李管教和崔管教共用同一個辦公室，在崔管教沒值班的時候，他負責管理我們，但由於他話少，所以包括我在內的任何囚犯都和他不親近。不過，我聽說金勳和別人吵架，最後搬進李管教的房間，而且李管教每逢春節都會給金勳人民幣兩百元零用金。

李管教突然鄭重的問候我：「這段時間真是辛苦了。」光這麼一句話，讓我覺得一直以來忍受的管教的粗話和辱罵，有了補償。而且，我很久沒聽到敬語了，這裡的管教們不管年齡比我大還是比我小，全部都是用平語[25]說話。

接著，他遞了《叮咚，我是朴部長！》給我，說：「金勳拜託我把書還給你。」這本書原本是妻子透過艾倫領事寄給我的，從書名看不出來內容跟基督教

25 在韓國，對初次見面或不熟悉的人、長輩或是職位跟社會地位比自己高的人，使用敬語；對比自己年紀小、同歲朋友或是關係親近的人，則用平語。

有什麼關係，不過事實上，這是作者以小說形式所寫的福音傳播書籍。

金勳聽說我要離開看守所的消息後，寫了一封簡短的信夾在書中，並拜託李管教轉交：

謝謝您借給我一本能讓我心靈安定下來的書。

雖然是一段很艱辛痛苦的時間，但是撐下去就會有好日子吧。

希望李先生之後能順利平安。

李鍾元上

從寫得歪歪扭扭的信中，我知道了他的本名，這讓我開始相信，也許他真的是人民軍少將。他只剩下最後最高人民法院判決要等待，我真心祈禱他的好日子能再次到來。

隔天凌晨，我戴上手銬和腳鐐，離開延吉看守所。

17

起來

鐵北監獄裡的所有大隊都來到操場，這裡聚集兩千多名囚犯，大家四處張望，忙著尋找其他大隊的熟人。監獄長走上講臺，嚴肅的說著沒有人聽的演講。

我精神恍惚的望著監獄牆外的風景，我感覺這裡就像釘子戶，在城市裡占據小塊土地。

大部分的重犯罪監獄，都像美國舊金山的阿爾卡特拉斯島聯邦監獄[26]一樣，被大海包圍。

然而，鐵北監獄卻被公寓和別墅包圍。當然，在興建鐵北監獄時，周圍可能還沒開發，但隨著時間流逝，長春市逐漸擴張，鐵北現在成了市中心，在圍牆對面的高層公寓裡，可以一覽無遺監獄的全景，除此之外，監獄從不熄燈，所以在夜晚，似乎也能從公寓看清楚監獄內部；我睡的房間在二樓，也能看到圍牆對面別墅住戶的身影。

初冬的寒風打著我的臉頰，升旗臺上的五星紅旗飄揚。

起來！不願做奴隸的人們！

把我們的血肉，築成我們新的長城！
中華民族到了最危險的時候，
每個人被迫著發出最後的吼聲。
起來！起來！起來！

以囚犯們合唱中國國歌〈義勇軍進行曲〉作為結尾，結束早晨朝會後，大家再次往工作崗位移動。

我不小心感冒了，喉嚨從前幾天起就發腫，昨天好不容易能嚥下飯，今天卻發不出任何聲音。其實在看守所時，我也曾因扁桃腫大而無法吃東西，只能喝水，和律師會面時，甚至無法和他對話。

當時，看守所醫務室裡，有一位叫金大夫的朝鮮族醫生管教，因為他的性格

26 Alcatraz，位於加州舊金山前海島嶼上，又被稱為惡魔島聯邦監獄，是人類歷史上，最有名的不可能逃離的監獄。該監獄於一九六三年關閉，直到一九七二年後，政府才決定開放為觀光景點。

很差，囚犯們即使生病，為了不去醫務室，會努力硬撐，而負責的管教怕出事，所以也不願意帶囚犯到醫務室。

我碰過一次非常荒唐的情況。

金大夫以我服用好幾年的高血壓藥，沒有中國政府認證為藉口，也不管我的身體狀況，就隨意換掉我的藥。結果我吃了之後，出現頭暈、面部紅暈和浮腫等副作用，所以我強烈拒絕服用金大夫開的藥。

「你以為你是醫生啊？我才不相信美國傢伙吃藥就會暈倒，有種你以後不要再吃藥了！」看著金大夫的模樣，連帶我去醫務室的崔管教，都覺得他很難堪，幸虧在艾倫領事和妻子的幫助下，我拿到原本的藥了。

金大夫就是一個以折磨患者、侮辱病人，當作生活樂趣的人。

還有一次，三十多歲的廉姓朝鮮族，因睪丸腫脹而接受金大夫的診療，金大夫在女管教們面前笑說：「你太常自慰了，才會這樣。」還要求他脫褲子。

廉姓朝鮮族拒絕在女管教面前脫下褲子，還拿一塊隔板遮住，沒想到金大夫刻意用大家都聽得見的音量，戲弄的說：「哎呀！是黃牛啊！」

如果想讓金大夫做正確的治療，就得塞錢給他。我們房間裡的一個有錢漢族囚犯得了毛囊炎，情況較嚴重，從服藥到塗藥膏，再加上打點滴，金大夫因拿到了錢，就竭盡所能的為他醫治。而面對同樣有毛囊炎的萬吉，金大夫只是不耐煩的扔幾片藥給他。順帶一提，因為情況絲毫沒有好轉，萬吉不知道從哪裡聽來偏方，在自己的頭頂塗上生蒜，結果因為氣味，又被其他囚犯虐待。

但是回想起來，在入監隊至少還能買到藥，生病了也能休息。但是，就如李長基隊長所說：「監獄的環境比看守所更加艱辛。」要是在這裡生病了，**別說吃藥，也不能免除強制勞動**。

我感覺自己的脖子腫脹嚴重，即使如此，我還是拖著虛弱的身體，跟著隊伍移動，本想努力撐到休息時間，結果一陣惡寒突然襲來，頭暈、腿軟，我在行進途中倒下去了。

「大叔，你怎麼了？沒事吧？」慶哲好像急急忙忙的跑過來。

「傻逼，起來！起來！」伴隨王警官的喊叫聲，我的肋骨傳來嚴重的疼痛感，王警官像終極格鬥冠軍賽（按：美國的一項混合武術格鬥賽事）選手一樣，不停的揍我。

※

我其實已經好幾天沒吃好，也沒睡好。

凌晨兩點多，我靠在牆上無心的望著窗外，對面別墅三樓的某間房子裡透出淡淡的燈光，可以看到窗邊的黑色輪廓，彷彿知道我在看他一樣，那個剪影一動不動的呆站在那裡，他似乎也在靜靜的凝視我。

和那個黑影對望一會兒後，我決定去睡覺。雖然穿著厚厚的棉衣躺在床上，但在寒冷的天氣裡，這點衣服根本不夠保暖，我還是不斷的發抖、出冷汗。沒多久，我聽見一些細碎聲響。

其實我們第八大隊隊長，每天晚上都會悄悄開門進來，然後走向入獄前總是男扮女裝的金宏的床邊。接著床板嘎吱作響，還能感受到有什麼在晃動。

我不清楚房裡的囚犯們是否都入睡了，還是像我一樣假裝睡著。為了不讓那些讓我感到噁心的聲音傳進耳裡，我只能緊閉雙眼，強迫自己趕快睡覺。

夢裡，我身處在聖經故事（參閱《創世紀》十九章）之中，我看到人們為了非禮天使，而包圍羅得的家，而我在那場混亂中，穿著囚服工作。有個人坐在我旁邊，一直在幫忙我做事，夢裡的我對他的幫助感到十分驚訝。

我從短暫的夢中醒來，雖然床板噪音停止了，但窗外的景象仍沒有變。那個黑色輪廓還是一動也不動的看著這邊，不，是看著我，他身後露出的燈光，就像十字架一樣。

⁂

雖然挨了幾拳，還被人放在撿垃圾用的手推車上送到醫務隊，不過，我在那裡重新測量血壓，結果顯示血壓數值超過兩百，我終於可以拿高血壓藥了。

「現在都會給你這些藥，你收起來在早晚吃。他們說你休息兩天後，好起來就回去大隊。對了，我拿幾本韓文書放在那邊，你想看就看。」

代替醫務隊警官，對我親切的說明一切的人是韓國囚犯，後來我透過慶哲才知道，他就是那個在延吉看守所裡成為傳說，有名電話詐騙集團總負責人李某。

這兩天是久違的甜蜜休息時光，窗外傳來連房長奮力喊著「起來！起來！起來！」的聲音，叫醒了我。

我睜開雙眼，看見窗戶另一側的細瘦樹木在寒風中搖動。

我確認方向，找到我在晚上看到的那間房子。然而，我無法看見那家的窗戶後有什麼東西，因為有寫著「出租」的紙貼在窗戶上。

我讀著某位女作家寫的隨筆集，書中一張照片吸引了我的視線。照片上可以看到寬闊的沙灘上留有腳印，照片下面還有一首英文詩被翻譯成韓文。讀著詩，我不由自主的想起，那天晚上看見對面窗邊的那個輪廓。

18

到了要分別的時間

在我回到第八大隊的那天，隔壁房間的香港人雷蒙德，拿著很多能泡水吃的營養粉送我，據說這是他妻子和兒子送來的代餐。

我不清楚他為什麼會知道我因扁桃體腫大而無法吞嚥，不過，既然是對方特意拿過來的，即使產品保存期限過了，我仍很感謝他。

「這是咖啡吧？我在瀋陽工作時也喝過，但是這個好像是美國製的，上面的說明全是英文。」

慶哲好奇的查看棒狀袋子，假裝自己看得懂。而我看到他如孩子般天真的模樣，不禁露出微笑，但一想到我離開監獄後，慶哲卻還留在這裡，心裡便覺得十分難受。

「慶哲，這個給你吃。」我丟一份營養粉到慶哲的床上，然後到走廊上。自從進監獄後，就算沒發生什麼事，卻時不時的掉眼淚。

我還在看守所時，妻子曾送奶粉給我，但我一口都沒喝到。

我當時也受扁桃腺腫脹所苦，妻子透過律師知道我情況後，拜託崔管教幫忙把奶粉拿給我。

可是，囚犯從外面收到私人食品後，要先把東西都交給房長，然後由房長來分配。例如，如果家人私下給一盒糖果給某囚犯，房長會拿一半給對方，剩下一半就自己留著或是給他想給的囚犯。

我們房長比其他房間的房長多了特權，而且他很貪心，總是引起許多囚犯不滿。但不知是因管教一出聲，他就馬上拍馬屁，還是有偷塞錢給管教，總之，所有不滿到管教那裡，就全部平息。

房長去監獄的那天，我們這房的囚犯們就像戰場上的占領軍一樣，仔細翻遍房長的置物櫃，然後找到房長藏著的衣服、糖果和巧克力等互相分享。

當時，負責購買我們房間所有用品和食物，類似會計部長的囚犯，默默的遞給我一個塑膠桶，這是已經見底的俄羅斯製奶粉。我疑惑的看著對方，不懂他的意思。

他說：「這是李先生的妻子寄來的，但房長自己一個人吃光了。」

我這時才了解是什麼情況：貪吃的房長在看守所裡，發現了難得一見的俄羅斯製沖泡奶粉，沒跟我說一句話，就自己一個人吃光了。

畢竟事情已經發生了，所以生氣也無濟於事，但一想到妻子為了我特地買奶粉，我對她感到既虧欠又感激。當下我便決定，哪怕只能再見到她一次，我也要好好的擁抱她。

跟我說房長霸占走奶粉的人叫江立民，他來自中國江西省，在他舅舅的公司擔任過會計。因為厭倦了父母工作的柳丁農場，所以還沒讀完高中，就去了大舅舅在的大城市廣州，但是曾經紅極一時的舅舅公司，在網路上銷售假藥的事被揭發之後，立民就成了共犯。接獲舉報的延吉警察，直接去廣州抓人，最後立民搭了四天三夜的火車和公車，被警察帶到吉林省延吉市。

曾是韓國綜藝節目《Running Man》狂熱粉絲的立民，可能因看了太多韓國電視節目，雖然不會講太難的句子，不過韓文算說得不錯。他還經常對頭頂著大蒜的萬吉說：「萬吉，打起精神來！」

除此之外，他也很喜歡ＮＢＡ[27]，洛杉磯湖人隊的球員柯比・布萊恩（Kobe Bryant）是他的偶像。

我和立民因為ＮＢＡ而變熟。看守所賣的中國飲料罐上，印有ＮＢＡ球隊的標誌，有一天，立民看著標誌，為了看懂該隊的名字絞盡腦汁。當時的我路過看到，就告訴他那個標誌是「波士頓塞爾提克」（Boston Celtics），標誌裡面的吉祥物是愛爾蘭神話中的精靈「拉布列康」（Leprechaun）。

他因為自己讀不出來商標上的字而感到羞愧，所以請我教他基礎英語。看守所一到週末就給囚犯們一整天的自由時間，我和立民常常在週末一邊看NBA，一邊學英文，在非賽季時，則透過電影頻道，看蜘蛛人、蝙蝠俠和復仇者聯盟等美國電影來學習，但我總是因為吵雜環境，沒有辦法集中精神。其他囚犯幾乎一整天都在玩紙牌，本來就很吵的中國人集體玩遊戲時，顯得更吵了，房間內變得跟菜市場一樣。在他們之中，似乎只有說話的人，沒有聽人說話的人。

不過，隨著中美關係惡化，美國好萊塢電影在中國電視上逐漸銷聲匿跡。後來連NBA也看不到了，因為共產黨為了報復NBA球員支持香港民主化運動

27 National Basketball Association，四大北美職業體育聯賽之一，被視為全世界水準最高的男子職業籃球賽事。

的發言，中斷所有轉播，再加上當年夏天，柯比在直升機墜毀事故中死亡，這讓立民變得鬱悶。我和立民一起度過的時間，也因此減少了

立民在被判三年零六個月有期徒刑後，要移到判決犯房間，他說出獄後，他會回到父母經營的柳丁農場，但他向我承諾，在那裡工作的同時，還會繼續學習英語。

他紅著眼眶對我說：「李先生，如果獲釋的話，一定要來我家玩。」但我無法回應他的話，雖然被驅逐出境後，本來就有一段時間無法進入中國，但要讓我再次認為中國很安全，我想需要花很長的時間。

※

今天終於是我們工廠關門的日子。六十多年來，囚犯擠出血汗的地方，終於永遠關門了，而且不只是我們的工廠，鐵北監獄的所有工廠都一樣。

因為久拖未決的監獄搬遷案，終於有了定局。而且今天之後，我就見不到慶

哲了，因為出獄之前，我需要接受十四天新冠肺炎的隔離措施。

由於我必須等車過來接我，所以在最後，我還是有一點時間能和慶哲道別。

「沒關係，叔叔，我真的不需要。」我離開監獄前，想用勞作金點一些東西請慶哲，結果這傢伙拿出了沒用的自尊心，然後轉移話題。「叔叔，你知道韓國有一首歌的歌詞是『現在我們必須分開，下次再見吧』嗎？」

不知道是只有他這樣，還是在北韓只流行著南韓老歌，總之慶哲總是提起與他的年齡不相符的歌曲。

「我知道，在韓國，每當酒吧關門的時候都會播放這首歌。」不知為何，我的回答讓慶哲笑了半天。

看著這樣的慶哲，我不知道應該跟他說些什麼……即使是像歌中的「笑著分手」和「下次再見」等話語，我也說不出口。

19

回家的路，自由的路

鐵北監獄的搬遷過程有如軍事作戰，為了轉移兩千多名的在押人員，政府投入了四十多輛大型巴士，並且為因應突發狀況，軍隊和警察也提供支援。每輛大巴上載有四十名囚犯和五名攜帶槍支的警官，警車和機動隊警車也投入其中，包圍在大巴隊伍四周。

我們從早上開始就處於待機狀態，直到晚上才坐上巴士，花了三個多小時前往路程只有二十多分鐘的新建監獄。即使到達監獄，要下車也不容易，除了在押人員人數多，警察也怕出現突發狀況，所以嚴格且小心的下達指令。等我注意時間，公車裡的時鐘已經指向凌晨兩點了。

長時間坐在狹窄的公車上，屁股很不舒服，但是穿著防疫裝才是最大的苦差事。因為新冠肺炎，所有囚犯在移送過程中，必須穿著防疫裝，因此，儘管當時是冬天，每個人仍被汗水浸溼，而空轉中的公車加熱器吹出的熱風，也讓戴著口罩的臉滿滿是汗。

我在等待下車時，忍不住打瞌睡。我夢到我二十多年前的事：我和朋友們安排週末一起去拉斯維加斯旅行，之後再回韓國，因為路上發生嚴重事故，所以平時暢通無阻的洛杉磯十五號高速公路開始塞車，即使過了一個多小時，車子也沒什麼移動。

當時沒有手機和導航系統，所以我打開了交通廣播頻道，卻沒能聽到相關訊息。在內華達沙漠烈日的照耀下，我和朋友漸漸疲憊不堪，不知何時，前方的車穿過中間的警戒線，進入被對面的沙漠。

當我還在半信半疑「還有別條路嗎？」時，前方車子一輛輛跟著進入沙漠，我和朋友討論一陣子後，也決定跟上。

本來帶著一定有其他路的想法，改變原本路線，然而，在我們面前衝出去的卡車因無法越過沙丘，只能被困在那裡，往前走的路就這樣被堵住了，但回頭一看，後面擠滿跟車，無法掉頭。

就這樣，我們成了卡在沙漠中動彈不得，直到晚上，上空才聽到直升機的聲音，巡邏車的警報聲越來越近，最後靠高速公路警察幫忙開路，我們才艱難的從那裡逃出來。雖然沒有收到交通違規的罰單，但與我們一起被困住的一百多輛汽車，當天登上了當地晚間新聞的頭條。現在回想起來，司機們似乎都是被捲入群眾心理，沒什麼想法的人。

但是與記憶不同，我的夢正朝著不同的方向發展。夢裡沒有朋友陪伴，我自己開車，在沙漠中拚命尋找出口，這時，戴著牛仔帽的警察攔下我，還想對我開罰單。

我強烈的抗議，說：「為什麼不對其他人開罰單，只罰我？」

警察默默的掏出手槍，槍口對準我的額頭，我一瞬間僵住了。「覺得委屈嗎？那你當初就不該犯罪。」

在他戴的黑色墨鏡上映著我的模樣——穿著鐵北的囚服，看起來非常淒涼。

我不記得夢裡有沒有聽到槍響。

⁂

警員把我們搖醒，並指示我們下車，吸進的凌晨空氣，腦中突然浮現越來越多想法。

這裡跟與原本的鐵本監獄相比，有如天壤之間，水洗式洗手間和洗碗槽，還有公用淋浴間……儘管我只要再待一天就能離開監獄了，但我還是跟著大家確認設施。

雖然淋浴間要付錢才能用熱水，但走廊設置上的散熱器，讓人不用擔心天氣變冷，我想，慶哲也不用怕會感冒了。透過窗戶，可以看到用人造草坪建造的優秀足球場；本館建築物前，有造型特別的石頭裝飾還有一座小蓮花池。

第二天清晨，我把在鐵北穿的囚服全部脫掉，穿著內衣離開監獄。

一般來說，釋放時，若囚犯沒有便衣，監獄方會幫忙準備衣服，但因為我是美國籍，所以沒有得到那樣的善意。因此，我在零下十五度的天氣裡，為了拿到必要的釋放文件，穿著內衣到處走來走去；走出監獄後，也以這副模樣，被三名護送警官拉著走，幸虧妻子和朋友約在長春機場見面，也幫我準備了衣服，讓我坐飛機時，看起來不會難看又尷尬。護送警官們跟著我從長春機場到上海機場，直到登上美籍飛機後，我才成為自由之身。

以前坐過那麼多次飛機，我在那天第一次覺得飛機餐好吃，這更是我時隔兩年第一次吃飽。

我後來才知道，當時因為新冠肺炎，有的飛機當天被取消，有的飛機只能當天預約。在這種情況下，妻子為了不讓我在中國多停留一天，甘願承受經濟損失，直到坐飛機前一個小時，反覆取消和預約機票。

實際上，即使我在飛機上，並不覺得自己真的被釋放了，我當下的感覺仍像在中國監獄裡一樣。在飛機上我一直在睡，在斷斷續續的睡眠中，這份感受才漸漸消失。

夢裡，中國共產黨整天炫耀的高速列車快速從大草原駛過，接著原本不知道躲在哪裡的一群人，突然出現在火車經過的軌道旁。

這十幾個人正在撿線路旁碎石地上的垃圾，都是我很熟悉的面孔，有慶哲、明哲、小率、永峰、載勛、萬吉、王先生、金教授、老李……許多我在看守所和監獄裡見到的人都聚集起來，但是我沒有和他們待在一起，那個夢中，我好像只是站在遠處觀察而已。

這時，夢換了一個場景：我下了飛機，來到加州洛杉磯近郊中國城阿爾罕布拉市，道路兩旁種著棕櫚樹，到處都有中國漢字招牌。

我為了躲避烈日，進到了某個地方，好像是水果店。在那裡，江立民正在賣柳橙汁，這傢伙穿著已停售的柯比二十四號湖人隊的夾克。

❋

我來到洛杉磯機場移民局櫃檯，想起很久以前，我拿著在韓國聖母醫院拍攝移民用的胸部體檢X光照片袋經過這裡。當時，看起來非常悠哉的拉美裔移民局大媽，向還是學生的我開玩笑，內容大概是說，她也會一邊吃熱狗，一邊享受職業棒球隊道奇隊的比賽。

等我回過神，移民局職員正把護照和機票遞給我，他露出微笑，對我說：

「歡迎回家！」

我終於擺脫瘋狂的中國。

後記

至今，我仍在修復兩年牢獄生活留下的傷痕

我換上運動服準備去公園活動身體，出門前，我看到新聞報導說，美國以新疆維吾爾族強制勞動為由，禁止進口中國產棉花。

回到美國後，我為了控制糖尿病和高血壓，每天都會去家附近的公園裡慢跑，因為新冠肺炎的關係，即使現在公園裡幾乎沒有人了，我還是堅持戴口罩。除了因為防疫，我也需要靠口罩用來遮住口眼歪斜的臉。

我在慢跑的過程中，手指有時會抽筋，身上部分肌肉扭曲、痲痹，而這一切都是過去兩年所經歷的痕跡。

我坐在長椅上平緩呼吸，按摩手指。可能因為出門前聽到新聞，我突然想起了在鐵北監獄中，曾一起生活過的阿里。

「他過得好嗎？慶哲現在過的怎樣呢？」

「希望金勳——李鍾元少佐離開後，也能平安順利。」

這段日子對我和我的家人留下了很多傷害，但我非常感謝在這段時間裡，一直陪伴著我的人們，我懇切的祈禱，希望他們的身心都能得到安撫。

星期天早上，我坐在教堂的最前排看著妻子司琴，妻子的手指熟練的在鋼琴鍵盤之間來回穿梭，聖徒們讚不絕口。

回想之前在監獄生活的日子，妻子為了我，不論在什麼時候都會來看守所。當時，我一邊想像著妻子獨自回家的背影，一邊祈禱著，總有一天一定要再次牽住她的手；也希望能和妻子與孩子一起來到教堂。如今，這些都實現了。

透過考驗和痛苦，我才學會感恩上帝的方法，現在我懇切的祈禱，願自己不被時間和環境動搖或捲走。

妻子的告白

看守所

我抱著柱光打開玄關門的瞬間，十三名中國警察衝了進來，四處搜尋，為了尋找什麼蛛絲馬跡而努力的他們，甚至不讓我和丈夫對話。我們那天開始，分開了兩年。

丈夫過得好嗎？

丈夫在看守所期間，我每個週末都會把丈夫喜歡的咖啡裝在保溫杯裡，然後踏上往返加起來超過兩個小時的路程，前往看守所。雖然看起來好像很了不起，但是如果我不這麼做，就活不下去。

為了不讓自己動搖，我不斷的走著。延邊冬天非常冷，冷到讓人失去知覺，我在這樣的溫度中，因無法言喻的悲傷，哭了好幾次。

雖然我是基督徒，但這時的我，完全沒有辦法停止自己對上帝的怨恨。我一邊拍胸口走著，一邊哭：「上帝啊，為什麼不回答我？不管是什麼話，都說出來啊。祢可以回應別人、替人治病，無所不能！但祢為什麼這麼無情，連一句話都不肯給我？就算是細微的聲音也好，究竟什麼時候才能告訴我，為什麼我會經歷這個苦難？」

不知不覺冬天過去了，春天來了，每次去看守所的路看起來都不一樣。我一直看著地面走向看守所，某天抬頭一看，高聳入雲的樹木引導著我要走的路，不知從哪裡飛來的蝴蝶，一直陪著我直到抵達看守所。隨意飛翔的蝴蝶消失在看守所圍牆的另一側，好像要去丈夫那裡一樣，讓我非常羨慕。

在鐵門緊閉的看守所前，我向主祈禱，接著打開保溫杯，沿著圍牆走著。雖然我見不到丈夫，也無法直接拿咖啡給他，但我期望能透過傳遞咖啡香氣，聯繫我和丈夫。

走向看守所和回程的步伐簡直天壤之別。我踏著有如千斤重的腳步，**回家的路太過遙遠**。

某天，我踏進任職的學校，盛開的波斯菊非常漂亮。那天沒有風，但波斯菊奮力的晃動，彷彿對我說聲「加油」。

聽見上帝透過大自然來安慰我的聲音，我又哭了。

《新約聖經》與書中的情書

丈夫為了度過無聊的時間，拜託我把頁數最多的書，還有《智仁》和《槍砲、病菌與鋼鐵》（*Guns, Germs, and Steel*）等，他讀過的書和英語單字書，透過艾倫領事寄給他，雖然我想放聖經進去，但因中國打壓宗教，所以宗教書籍不能帶進看守所跟監獄裡。

後來，我決定撕下幾頁許多人讀了之後，都表示身心都產生變化的《新約聖經》，然後拆開英語單字書的封面，用膠水把《新約聖經》黏在單字書的封面裡。丈夫能發現嗎？

上帝啊，請告訴我丈夫，封面裡有聖經。

對別人而言，很簡單就能寫信給親友，但因丈夫的國籍關係，監獄方嚴格看管丈夫的一舉一動，導致我很難送信給他。所以我買了兩本小說，一個字一個字的將想說的話偷偷藏在各頁，就這樣，我在小說中留下讓丈夫振作起來的情書，希望丈夫能撐下去。

每當我閉上眼睛和上帝說話時，上帝都會展示丈夫跪在地上禱告的模樣給我看，我的心靈因此獲得力量，能支撐我繼續等待丈夫。

初審

律師說，我丈夫跟職員涉嫌做出威脅國家安全的犯罪行為，所以才會受到嚴密的警戒，試圖不讓他跟其他人見面。所以，在第一次審判前，我已經八個月沒有見到丈夫了。

因為能在法庭見到丈夫一面，我從幾天前開始，就開心得睡不著，我相信，雖然是看守所，但畢竟都是人住的地方，丈夫應該能健康的堅持下去。

到了當天，我感到很不自在，除了因為坐在我面前的人，表情異常嚴肅，更大的原因是，現場有幾臺攝影機正在錄影。因為我第一次被抓並被警察帶走的過程中，攝影機一直在拍我，我因此對相機產生恐懼。

門終於打開了，丈夫和獄政進入了法庭，坐在我旁邊的其中一個家人哭了出來。

「不准哭！哭了就得退場！」警察清脆的聲音阻止了哭泣聲。丈夫的頭髮被剃光了，他拖著過於削瘦的身體，手腳都掛上重重的鐵鏈走出來，看著這樣的丈夫，我不自覺流下眼淚。

開庭期間，丈夫從沒有看我一眼。為什麼不像其他人一樣，和家人對視打招呼？我的心因丈夫的舉動而破碎。

此外，我誠摯的祈禱八個月，希望一切能順利進行，然而，因為中央政府國家保戶委員的指示，導致審判中斷。

這讓原本每天和上帝對話的我，氣到三天不和上帝說話。

判決與移送監獄

中國簽證到期後，在美國艾倫領事的幫助下，我帶著柱光回到美國，要是再晚了一點，就會因為新冠肺炎，無法從中國回來了。

同樣因為新冠肺炎的關係，我無法見到律師，因此很久沒有聽到丈夫的消息了。去年進行了兩次審判，二〇二〇年五月一日宣判公審，除了丈夫之外，其他人員都獲釋了。

剛開始，我聽說如果被判間諜罪，至少會判處五年以上徒刑，幸運的是，沒有任何證據表示丈夫有間諜嫌疑，所以中國只能用其他理由來判刑。據艾倫領事和律師了解的結果，丈夫的刑期剩下六個月左右，很有可能在看守所度過，應該不會移送監獄。

但丈夫還是成為例外，艾倫領事告訴我，丈夫於七月十日被送進監獄，一般來說，囚犯在被送往監獄之前會告訴家人，但我在丈夫被移送之後，才收到通知……關於丈夫的一切，好像都往最壞的方向發展了。

丈夫安慰我，幸虧那裡是收容外國人的監獄，狀況應該不會比看守所糟。

為什麼上帝想用最壞的方式來測試我的信仰？我那麼的虔誠、每天都會祈禱，但此時此刻，我看不到絲毫結果和希望，我感覺上帝把希望推向更糟糕的方向，然後問我：「妳要怎麼做？」

訂機票

我和柱光在二〇二〇年一月底抵達美國，從二月初開始，美國逐漸認清新冠肺炎的嚴重性，並實施了相關政策，因此我必須過著隔離生活。

當時柱光上學一個月，根據加州政府的方針，學校從三月第二週開始關閉，禁止人民到室外活動，柱光和我不得不共用一個房間生活。因為柱光從上午八點到下午三點要視訊上課，所以我只能安安靜靜的待著。雖然可以我忍受不發出聲音，但我迫切需要能安靜禱告的空間。

感謝的是，教會的主任牧師欣然借我教會鑰匙，並允許我隨時來禱告，我由衷感謝上帝。在因新冠肺炎而無人能來的禮拜堂，我能盡情的禱告、讚揚，或與上帝對話，依靠禱告的力量，讓在美國等待丈夫的我不會感到疲憊。

只能盲目等待時，無法言喻的沉重和恐懼讓我倍感痛苦，但是判決出來後，有了明確等待時間，讓我安心下來，同時湧現感謝的心，所以我相信我可以戰勝這一切。

判決下來之後，我要做的最重要的事，就是準備丈夫的機票。由於新冠肺炎，預訂機票並不容易，再加上中國政府正式辦理驅逐手續，所以必須購買符合警察要求時間的機票，但即使購買了，幾天後預訂也可能會被取消。

我前前後後取消、重新訂購機票超過十次，最後終於順利買到票了，我覺得只要丈夫能回來，不管什麼我都能接受。

終於到了丈夫回來的日子。

在中國時間凌晨六點，丈夫從長春鐵北監獄前往上海機場。我公公打電話向航空公司確認乘客名單，才發現航班被取消了。據說，連購買機票的旅行社，也沒有接到航空公司的聯絡。

「上帝！為什麼要讓我這麼辛苦？」我忍不住開始生氣。

丈夫從長春到上海後，不得不從上海乘美籍飛機進入美國，中國公安部門表示，辦理驅逐手續需要四個小時，但現在剩下的，只有兩個小時後飛回美國的機票，我向艾倫領事傳達這個狀況後，決定還是先買下機票。

接下來，我只能做的只有祈禱。幸運的是，最後從長春出發的飛機比預定早三十分鐘到達上海機場，而驅逐程序也很順利，我們在飛機起飛前五分鐘辦理好登機手續。

禱告同工們

丈夫在看守所的期間，因為經濟因素，我和孩子的生活變得越來越困難，我們無法繼續住在原來的住處。我搬到延邊科學技術大學教職員宿舍，不知是偶然還是必然，我住的宿舍，是幾年前被北韓扣留後獲釋的大學教授居住的地方。不知道他的妻子在這裡哭了幾次，向主祈求了幾次？一想到這裡，我便感到很心痛，同時下定決心，要努力的禱告。

不管做什麼事情，一個人做都會很洩氣。主為了幫助沒有力量的我，給了我科技大學的禱告同工[28]。起初，我們在學校裡的小禮拜室禱告，但禮拜堂被中國當局封鎖，我們後來只能穿過漆黑，到遠離校園的禮拜堂禱告。當我更加難過時，主每天派兩名同工在我回家和上班前，陪我一起禱告。

不僅僅是禱告，周圍許多熟人和朋友在經濟上給予我莫大的幫助，雖然這是一段很神奇的經歷，但上帝幫我解決溫飽問題，讓我能集中精力禱告，以及想著丈夫。

不是獨自一人，而是無時無刻都在一起

每出現艱難時，上帝都不會讓我一個人，但是這個過程非常難熬。過去兩年的苦果依然留在丈夫的身上，他的身體變得很差，丈夫說：「如果再多待一段時間，我肯定沒辦法活下去。」這句話讓我確實感受到，丈夫受到的痛苦，遠遠超越我過去的經歷。

剛開始，我埋怨上帝，把我推進絕望深淵，還問我為什麼要去那裡。我忍不住對上帝抱怨，說我要死在這裡，但是隨著時間過去，我終於知道上帝用寬廣的

心懷，抱著疲憊不堪的我和丈夫，陪我們一起哭泣。

上帝知道我很難撫養兩個孩子，於是把大兒子託付給軍隊，讓他能好好吃飯，健康的生活，善良的大兒子是我堅強的後盾。

過去，不懂事的柱光和我常常抱在一起哭泣，現在他成熟很多，而且每天都在禱告。

國家圖書館出版品預行編目（CIP）資料

我在中國的兩年牢獄生活：我愛中國，愛到受頒榮譽大使、定居中國……直到入獄我才目睹「人」在中共眼裡是什麼／史考特．李著；楊筑鈞譯．-- 初版．-- 臺北市：大是文化有限公司, 2022.05
224 面；14.8×21 公分．--（Biz；395）
譯自：중국 감옥에서 보낸 2 년
ISBN 978-626-7123-30-0（平裝）

1. CST: 李史考特　2.CST: 監獄　3.CST: 回憶錄

783.28　111004626

Biz 395

我在中國的兩年牢獄生活

我愛中國，愛到受頒榮譽大使、定居中國……直到入獄我才目睹「人」在中共眼裡是什麼

作　　者／史考特・李
譯　　者／楊筑鈞
責任編輯／陳竑悳
校對編輯／連珮祺
美術編輯／林彥君
副總編輯／顏惠君
總 編 輯／吳依瑋
發 行 人／徐仲秋
會　　計／許鳳雪
會計助理／李秀娟
版權經理／郝麗珍
行銷企劃／徐千晴
業務助理／李秀蕙
業務專員／馬絮盈、留婉茹
業務經理／林裕安
總 經 理／陳絜吾

出 版 者／大是文化有限公司
臺北市衡陽路 7 號 8 樓
編輯部電話：（02）23757911
購書相關資訊請洽：（02）23757911 分機 122
24 小時讀者服務傳真：（02）23756999
讀者服務 E-mail: haom@ms28.hinet.net
郵政劃撥帳號／ 19983366 戶名／大是文化有限公司

香港發行／豐達出版發行有限公司
Rich Publishing & Distribution Ltd
香港柴灣永泰道 70 號柴灣工業城第 2 期 1805 室
Unit 1805, Ph.2, Chai Wan Ind City, 70 Wing Tai Rd, Chai Wan, Hong Kong
Tel：21726513　Fax：21724355
E-mail：cary@subseasy.com.hk
法律顧問／永然聯合法律事務所

封面設計／孫永芳
內頁排版／邱介惠
印　　刷／緯峰印刷股份有限公司
出版日期／2022年5月初版
定　　價／新臺幣 360 元
I S B N／978-626-7123-30-0
電子書 ISBN／9786267123287（PDF）
9786267123294（EPUB）

Printed in Taiwan